MAUX TUS ET BOUCHE COUSUE

Louise Adam

MAUX TUS ET BOUCHE COUSUE

Récit

© 2021 Louise ADAM

Éditeur : BoD-Books on Demand
12-14 rond-point des Champs-Élysées, 75008 Paris
Impression : Books on Demand, Norderstedt, Allemagne

Crédit photo : Louise Adam

ISBN : 9782322179732

Dépôt légal : Février 2021

A cette histoire passée :

Désolée
Pardon
Merci
Je t'aime.

Aux Êtres du présent,
qui m'accompagnent dans mon chemin
tous les jours, un pas après l'autre :

Je vous aime. Merci d'être là.

AVANT-PROPOS

Février 2011.

J'ai éprouvé le besoin de mettre sur papier des pensées que je tourne et retourne dans ma tête depuis des mois, voire des années. La souffrance est si grande que j'ai l'impression d'étouffer, de mourir petit à petit à l'intérieur, sans parvenir à vivre.

Comment en suis-je arrivée là ? Qui est ce Je, au-delà de ses douleurs ?

Mot après mot, j'ai déroulé le fil de ma vie, les ressentis du quotidien trouvant leurs échos dans les souvenirs de mon passé.

23 ans.

Mots pour Maux

L'angoisse des premiers mots. Des premiers maux. A rédiger.

Aujourd'hui, ça fait longtemps. Le mal-être s'est insinué, installé en moi.

Depuis, il ne me quitte plus, même s'il me semble que ces derniers temps, je crois être un peu plus heureuse. J'ai l'impression de l'avoir plus ou moins toujours connu, d'avoir trop souvent ressenti cette sensation de n'être pas à ma place, jamais, nul part, avec personne. Bref.

Ce matin j'ai encore, une fois de plus, voulu *le* quitter. Quatre ans de vie commune avec mon compagnon que je n'arrive pas à effacer, à devancer, à écarter pour être heureuse. Et pourquoi le ferais-je ?

J'ai cru devenir folle. Emprisonnée dans ma tête, ruminant mes idées noires. Trouver un moyen de me supprimer ? Et après ?

Ma famille…

Qu'est-ce qu'il m'arrive ?

Dans mes souvenirs, j'ai toujours été attirée par les discussions des *grands*. Depuis toute petite. Rarement j'ai pris plaisir à me tourner vers les jeux des enfants. Il me fallait être aux côtés des adultes. Que pouvaient-ils bien raconter qui m'intéressât tant ? Il me fallait savoir. Je devais savoir. Je me rappelle ma mère, tentant de m'arracher à ces discussions qui n'étaient pas de mon âge - je devais avoir cinq ou six ans - me poussant à rejoindre mes sœurs, mes rares amis, pour des jeux qui n'avaient à mes yeux pas beaucoup d'attraits. Et moi de faire mon "intéressante" pour attirer l'attention des plus vieux et rester parmi eux.

En classe, mon esprit inévitablement s'évadait. Je pensais souvent à l'avenir, à mon futur. J'avais tellement hâte d'être adulte ! Idéalisé, bucolique, entourée de chèvres, de poules, de prairies et de montagnes. Avec un âne et une carriole pour moyen de transport, les objets de mon quotidien listés mentalement, bien ordonnés à l'arrière.

Bonne élève, ignorée par les enfants dans les premières années de l'école primaire, insignifiante, inexistante, j'ai été mise à l'écart dès mon entrée au collège par les autres. Pour quelle raison ? Cela venait-il de moi, de mon caractère ? Ou du leur ? De cette époque, j'ai trois amies que je vois toujours malgré la distance, une ou deux fois l'an.

Mon travail scolaire sans soucis, malgré mon absence de contact avec la plupart des enfants de l'école - hormis des moqueries. En outre, des conditions de vie assez précaires. Et par-dessus tout : le secret.

Tout cela a contribué à former le terreau fertile de mon mal-être.

L'histoire a commencé assez tôt.

La double vie de mon père dès les premières années de son mariage avec ma mère. J'avais quatre ou cinq ans. Sous le prétexte d'être honnête avec ses enfants, les emmener en vacances avec les maîtresses successives, des inconnues, sans rien leur expliquer. J'en ai connu deux. De la première, j'en garde un souvenir ni bon, ni mauvais. Elle était gentille avec nous. Mais cette femme avec laquelle nous avons partagé notre vie quelques semaines n'était pas notre mère.

Était-ce une demande de mon père ? Son prénom a changé la deuxième année où elle est partie avec nous. Ma petite sœur s'y perdait. A sa maman qui la grondait, s'opposait cette femme qui lui faisait des cadeaux. Elle a dit à notre mère, minuscule petite fille : "Je ne t'aime pas, tu n'es pas ma mère !". A ce souvenir s'en oppose un autre, contradictoire. Un jour, dans notre chambre du pavillon, seules toutes les trois, elle a prononcé cette phrase, dans la simplicité éclatante de son innocence : "Papa aime une autre dame", et moi de lui dire, non, non, avec l'intention de lui cacher la vérité pour la protéger ou pour protéger l'image de mon père, et consciemment ou non, faire en sorte que le foyer n'implose pas.

Je me rends compte à quel point elle s'est révélée beaucoup plus lucide que moi à propos de cette histoire.

A la fin de ces vacances tordues, mon père nous intimait l'ordre de ne rien révéler. Maman serait malheureuse, ou en colère. Je ne me souviens plus quels mots il employait exactement. Ma petite sœur m'a confié qu'un jour, seul avec elle, il avait levé le poing fermé en lui disant de ne rien dire. Nous devions occulter la cinquième personne comme si elle n'avait jamais existé.

L'exercice était périlleux. Mon père devait uniquement se fier à notre faculté de ne rien dévoiler. Ce qui ne l'empêchait pas de semer, par manque de volonté, de jugement ou déni de responsabilité, les preuves de sa double vie (factures de camping, tickets de restaurant, laissant transparaître la présence d'une personne supplémentaire), et de laisser ses petites filles se débrouiller avec sa femme pour fournir des explications crédibles.

Il venait parfois nous chercher à la sortie de l'école, pendant les heures de travail de ma mère, et nous le suivions chez la deuxième femme que nous ayons connue, à contrecœur. Je tentais de nous faire partir de chez elle tout de suite après le repas, avant le retour de ma mère. Me revient le souvenir insensé qu'elle ait commencé mes exercices d'anglais à faire pour le lendemain, pour m'avancer dans mon travail scolaire, imitant mon écriture, en attendant son mari et ses filles…

Nous étions tous devenus doués pour créer des mensonges instantanés, un arrangement-éclair avec la vérité et le réel, pour préserver la solidité hasardeuse du château branlant de votre foyer.

Impressionnées par ce père qui pouvait parfois se mettre en grande colère, nous n'avons rien dit. En mauvaise posture une fois, à propos d'une cassette audio qu'*elle* - la première - nous avait donnée. Moi, à ma grande sœur qui voulait à nouveau entendre une des chansons enregistrées : "Non, non, on a dit qu'on était plus copine avec *elle*". Je me rappelle exactement du ton que j'ai employé, de la scène, ces paroles qui sont sorties un peu malgré moi de ma bouche d'enfant. Ma mère, intriguée par mes mots, nous a demandé des explications. Ses petites filles, pas plus hautes que trois pommes, lui ont sorti d'emblée une énormité, un mensonge, qu'elle a cru ou pas. L'affaire était close. Le processus d'autodestruction familiale était en marche.

Ce qui était d'un comique désespérant, un mauvais vaudeville, c'était ce mensonge qui fonctionnait absolument dans tous les sens. Non seulement mon père mentait à ma mère pour effacer l'adultère, en plus de nous qui mentions à notre mère pour cacher la situation de mon père, à sa demande, mais sans qu'il nous ait expliqué. Mais il y avait également notre mère, qui avait parfaitement deviné ce que lui dissimulait son mari, sans connaître toute l'histoire (celle dans laquelle nous nous débattions inévitablement aux grandes vacances, mais aussi quelques après-midi d'hiver lorsqu'elle travaillait) et nous épargnait ce qu'elle savait, ce qu'elle endurait, pour *protéger ses enfants*. Nous nous mentions aussi entre sœurs, dissimulant les informations que nous découvrions de notre côté, tentant de minimiser cette tragédie moderne.

J'ai vu pleurer ma mère, elle-même en proie à un mal-être immense.

Et nous voilà prises dans un engrenage fou, plongées dans une situation aberrante que nous subissions dans la crainte, déjà formatées pour ne plus rien dévoiler.

La vie passait, nous voyions alors peu mon père à la maison. Je n'en ai compris la raison que bien plus tard.

C'était avant mes huit ans, nous habitions un pavillon confortable dans un lotissement en région parisienne. Mon père travaillait à Paris, il a été conducteur de métro pendant plus de vingt ans.

J'entends encore ma mère se gausser de moi lorsque, toute petite, naïvement, dans mes tentatives pour comprendre le monde à travers mes yeux d'enfants, je lui ai demandé à lui, ne le voyant pas rentrer à la maison tous les soirs : "Tu dors dans ton métro ?" J'étais sincèrement peinée pour mon papa, que j'imaginais inconfortablement appuyé contre la vitre, balancé toute la nuit au rythme du cahot des rames glissant sur les rails, incommodé par les lumières jaunâtres, et je lui étais reconnaissante d'endurer ce sacrifice à son confort pour faire vivre la famille.

"Tu dors dans ton métro ?".

Une question innocente, à laquelle ma mère a fait écho des années plus tard lors d'une dispute avec ses filles : "Tu ne t'es jamais demandée pourquoi Papa ne rentrait pas coucher à la maison tous les soirs ?" Ce n'est qu'adolescente que j'ai réellement compris. Non, il ne rentrait pas tous les soirs dormir chez nous parce qu'il dormait *aussi* chez *quelqu'un d'autre*.

Quand on est enfant, et que notre père représente pour nous un héros, le pilier fort de la maison, un père à la fois craint et adoré, dans la situation étrange qu'il nous demande de créer, on ne remarque pas facilement ce qui cloche. Docile, pour préserver son image et la famille, par peur d'être maltraitée, rejetée, abandonnée en foyer ou en famille d'accueil, j'ai fermé les yeux pour lui.

Nous avons déménagé l'année de mes neuf ans. Mes parents, qui avaient fait bâtir quelques années après leur mariage et la naissance de leurs deux premières filles, leur petite maison dans lequel nous vivions tous les cinq confortablement, ont été rattrapés par un crédit à taux variable qu'ils n'ont plus été en mesure de rembourser. Ils ont été contraints de s'en séparer, avec une belle dépendance construite par mon père, qui permettait de ne pas revendre leur bien à perte.

Ce départ a été pour moi un événement difficile, j'étais attachée à cette vie plutôt paisible, me sentant en relative sécurité à la maison, bien que l'école m'apparaisse assez tôt, dès la maternelle, comme un lieu d'ennui, d'incompréhension, de solitude et de fortes angoisses, assez vide de sens malgré certains souvenirs liés au merveilleux de la période de Noël, un milieu que j'observais et dans lequel je tentais de reproduire des codes sans parvenir à trouver ma place dans le groupe. Jusqu'à tard dans ma scolarité, je ne savais pas demander quand j'avais besoin d'aller aux toilettes, patientant des heures jusqu'à ce que je n'en puisse plus. Me revient le souvenir humiliant de m'être, en CP, urinée dessus : je n'avais pas pris le temps pendant la récréation, j'ai demandé à l'instituteur, qui a refusé. Mes pleurs de honte lorsque j'ai levé la main pour dire ce qui m'arrivait, la situation que j'ai cachée à mon retour à la maison… En sortie de classe, l'idée qu'on puisse me perdre, m'oublier ou me faire du mal me terrifiait, et par sécurité je me refusais à m'éloigner des adultes ou à m'endormir dans le car ou dans le train. Durant mes années en maternelle, j'acceptais sans rien dire ces crêpes au sucre de la Chandeleur que tous les autres semblaient déguster et que je me forçais à avaler, morceau par morceau, avec des hauts-le-cœur, au bord du vomissement. Je ne comprenais pas les pleurs de la rentrée, qui m'apparaissaient comme une démonstration excessive et impudique, ni la morve au nez, ou la salive qui coulait sur le menton de ces bambins, ni l'obligation de nous diriger en troupeau à heures fixes vers de minuscules toilettes sans portes, toutes expressions corporelles de la petite enfance qui provoquaient en moi de la répulsion, voire du dégoût, et me faisaient me sentir témoin, mise à distance de la vie qui semblait se dérouler sans moi, comme absente des scènes dans lesquelles je n'étais qu'un pion, exilée derrière mes yeux. Je repoussais, gênée, le garçonnet qui me proclamait devant les autres écoliers *son amoureuse*, trouvant son élan incongru, sa démarche dangereuse pour moi.

En classe j'entendais des consignes que j'avais de la difficulté à interpréter, de par mon esprit en vagabondage et le manque de sens que j'y associais. Je ne savais pas ce que je faisais là, mais j'avais l'obligation d'y être. Le temps s'écoulait avec une extrême lenteur, j'étais déconnectée du réel, flottante, avec la sensation d'être étrangère au monde. Je ne savais jamais ce qui allait se passer en classe, ni quel jour on était, ni quand arriveraient les vacances qui étaient toujours une surprise. Je m'imposais des obligations morales en matière de dessin, ceux réalisés à l'occasion des anniversaires des petits élèves de maternelle, pour lesquels je m'obligeais à remplir la feuille, autour de mes bonshommes malhabilement tracés au feutre, de minuscules bâtons verts représentant des brins d'herbe, qui me prenaient un temps fou mais que je me refusais à bâcler, équitablement pour tous mes camarades.

En matière de contact humain, je me rappelle pourtant cette petite fille, assise derrière moi durant le temps de musique, qui tortillait et tressait entre ses doigts les longs cheveux de ma nuque, le délicieux frisson que j'éprouvais, dans l'attente qu'elle recommence. Cette autre petite fille, qui m'avait prêté ses poupées et invité à jouer avec elle pendant les récréations, un événement inédit dans mon parcours d'amitié. Je me souviens aussi de mes demandes désespérées de "bisous" à ma sœur aînée durant les récréations, à travers le grillage rigide qui séparait nos deux écoles, parce que, si nous nous entendions souvent mal à la maison, à l'école je la considérais comme ma protectrice, mon phare dans cette nuit dépourvue de sens et remplie de solitude.

A l'école, j'avais l'impression que les adultes me demandaient d'être une enfant, je m'appliquais donc à *jouer à être une enfant*, la plus paisible, la plus effacée possible, dans le rang, différente de la petite fille que j'étais en privé à la maison, qui "boudait" souvent, entrait parfois en rage, et qui pouvait exploser de contrariété à en tomber par terre, en crise, en détresse, avide d'amour et de reconnaissance.

Je ne me sentais rien de commun avec l'enfance, c'était un costume désagréable, contraignant et lourd à porter, beaucoup trop étroit. Je voulais qu'on me considère, qu'on me prenne au sérieux, qu'on m'accorde la place de l'adulte que je n'étais pas encore. Je me lassais vite des jeux, j'aimais la compétition plutôt que la coopération, je recherchais la sécurité dans l'autonomie à laquelle j'aspirais, je voulais à la fois être aimée sans risquer le rejet, et qu'on me laisse tranquille. Le décalage que je ressentais avec les autres enfants me rendait l'amitié presque inaccessible. Je ne savais pas comment les aborder, je ne savais pas que je le pouvais, que c'était possible, que je méritais l'attention et l'amour au moins autant que les autres. C'était une chose éloignée de moi.

Je "chipais" les amies de ma grande soeur, je passais du temps dans leur petit groupe, je me faisais inviter avec elle chez l'une de ses amies. J'étais plus à l'aise avec les garçons qu'avec les petites filles, elles dont le monde mystérieux des jeux et des confidences me semblait un temple secret dans lequel j'étais une étrangère et indigne d'entrer.

J'ai fait pleurer une fillette plus âgée que moi, un jour, dans le petit car bleu. Pas par méchanceté, je ne crois pas. Par curiosité de ce qui m'était inconnu, par incompréhension, par manque de maturité et de connaissances, un trop-plein de spontanéité. Cette petite fille avait la peau foncée et le nez épaté. J'en ai fait la remarque à voix haute, à ma grande sœur qui m'a grondée, car j'insistais sur ce dernier détail. Mon ton était-il moqueur ? Je la revois essuyer ses yeux, derrière ses lunettes à montures fines… Je te demande de me pardonner, petite fille dont je n'ai pas vu la beauté, et dont j'ai fait couler les larmes, j'en suis sincèrement désolée.

Solitaire, dans la cour de l'école primaire, je courais d'un bout à l'autre, d'un mur à l'autre, sans respirer, à quelques mètres des groupes de fillettes, ne sachant comment attirer leur attention.

A cette époque donc, avant mes neuf ans, malgré quelques épisodes de vie extraconjugale dont nous avons été témoins mes sœurs et moi, le secret ne me pesait pas encore. La suite allait être un peu plus pénible.

Vacille et bascule

Une petite fermette, achetée pour une bouchée de pain, une longère comme on en trouve beaucoup dans cette région céréalière, cachée sous des monticules d'ordures, dans la campagne. Il a fallu des mois pour revoir les murs, cachés sous les broussailles, et découvrir le jardin. Mes parents étaient jeunes et encore motivés pour réaliser des travaux. Comment avons-nous pu vivre dans de telles conditions ? Nous étions trop petites avec mes sœurs pour nous en rendre compte. La femme qui tenait l'agence a dit à mes parents, quelques temps plus tard : "Vraiment, s'installer dans une telle maison avec des enfants en bas âge… Chapeau !". Dans mon orgueil, j'ai pris ça pour un compliment.

Mes parents ont commencé les travaux et aménagé deux premières pièces, trente ou trente-cinq m² au total : une petite chambre dans laquelle nous dormions à cinq, dans la promiscuité la plus totale (le lit de mes parents, un lit d'une personne dans lequel nous dormions tête-bêche avec ma petite sœur, plus un matelas calé entre les deux pour ma grande sœur, autant dire que, ayant le sommeil léger, j'ai parfois malgré moi assisté dans le noir à des scènes de la vie intime de mes parents), puis la cuisine, surchargée de meubles nécessaires au quotidien, au sol et aux murs inachevés. Les autres pièces étaient inaccessibles, pas encore rénovées. La situation a duré au moins trois ans. Je ne me souviens pas de m'être plainte de ce que nous vivions. La proximité était rassurante. Nous suivions nos parents sans poser de questions, sans chercher à savoir. Nous avons pris possession de la maison au fur et à mesure des travaux.

Il m'a manqué deux choses, qui ne sont apparues que la dernière année, celle où nous sommes finalement partis : une chambre pour moi toute seule et le confort d'une salle de bains. Nous nous lavions dans l'évier de la cuisine, ça a duré longtemps. Les derniers temps, je remplissais une énorme bassine d'eau bouillante et la portait tant bien que mal jusqu'au bac de douche posé quelques mois avant notre départ, et me lavais en versant l'eau à l'aide d'une casserole. Les toilettes, c'était le seau qu'il fallait vider tous les jours, à tour de rôle, corvée abhorrée pour des enfants.

J'avais tellement honte de vivre dans ces conditions, que je n'ai jamais osé inviter une amie à la maison, mon père se moquait de moi pour cette raison ; mes amies n'ont jamais vu ce que à quoi nous étions réduits, je n'en ai jamais parlé avant d'avoir atteint l'âge de vingt-cinq ans.

En été, la vie m'était plus agréable : du fait des chambres en travaux, nous déménagions avec un réel plaisir, mes sœurs et moi, dans le grenier de la maison - un vrai grenier à l'ancienne, avec du carrelage en terre cuite, des poutres solides, de petites ouvertures encadrées de briques rouges, une porte en planches donnant sur le vide, qui servait autrefois à monter les sacs de grain et le son, les haricots à sécher. Dans un angle, nos cartons de déménagement, un tarare, des malles emplis de vieux papiers. L'escalier de bois, pour moi, était un luxe ! Nous y aménagions nos chambres, notre petit coin à nous, à l'aide de draps tendus, et redescendions dès l'arrivée des premiers froids. J'aimais ces moments. Au milieu de ces choses anciennes, j'étais paisible, je me sentais *dans mon temps*. Le chant des oiseaux nous parvenait à travers les tuiles de terre cuite, il faisait bon, l'air avait une douceur que je retrouve encore parfois avec plaisir aujourd'hui, les soirs de juin, au crépuscule.

Nous invitions nos petits voisins avec lesquels nous passions quasiment tout notre temps libre, lorsque mon père n'était pas là, durant les week-ends, soit au grenier, soit au jardin ou chez eux. Ils étaient de Paris et la fermette qu'ils habitaient à côté de la nôtre était leur maison de campagne.

Déjà, à l'époque, vers mes onze ou douze ans, je commençais à écrire une histoire, un roman dans laquelle mon personnage principal, mon double masculin, était en proie à diverses souffrances. Mon exutoire.

Des années de cette vie, et les relations entre mes parents se sont davantage dégradées. Les disputes devenaient plus fréquentes, et nous en avions peur. J'appréhendais le moment du retour de mon père à la maison.

En-dehors de l'école, nous voyions très peu de monde : nos grands-parents et nos voisins. Ma mère, de peur de nous confier à des inconnus qui auraient pu nous faire du mal, a toujours craint de nous laisser sortir de la maison même pour dormir chez une amie, c'est pourquoi ça n'est arrivé que rarement.

A quatre kilomètres du premier village, nous étions coupées de toute activité sportive ou artistique. Ma mère travaillait, mon père également, et ils n'avaient pas envie ou pas le temps de nous transporter. Notre vie, à la campagne : le jeu au jardin ou dans les prés, ou la télé comme nounou à plein temps dès que ma grande sœur a été jugée assez grande pour nous garder pendant les absences de nos parents. Quand elle a commencé à le faire, elle avait six ou sept ans.

Des deux dernières années de l'école primaire, je garde un bon souvenir. Nous nous sommes retrouvées une année ensemble toutes les trois dans la même petite école de campagne, dans la même classe à cinq niveaux. En définitive, nous n'y avons pas appris grand-chose. Nous arrivions d'une école primaire située dans une ville plus grande, aux méthodes plus rigoureuses. A la campagne, nous faisions figure de bonnes élèves.

Parce que j'avais l'air de "m'ennuyer", finissant assez vite avant les autres mon travail et douée d'une mémoire telle qu'elle me permettait de connaître les leçons et poésies de ma sœur aînée avant elle rien qu'à l'entendre réciter, alors que j'avais un mal fou à apprendre seule les miennes, j'y ai sauté une classe, après avoir passé des tests. J'ai mené un bout de la classe de CE2 avant d'être envoyée en CM1, prise d'un sentiment d'illégitimité et d'imposture, en me rendant compte en arrivant au collège avec des lacunes et aucune rigueur de travail, que confrontée aux autres élèves je n'étais pas si douée que ça... Le maître nous citait en exemple : nous étions les plus disciplinées, les plus travailleuses.

En revanche, le collège a été une époque très difficile pour moi. Je n'avais pas le code social approprié pour me rendre ressemblante, ou suffisamment invisible au milieu des autres. J'ai été pratiquement tout de suite victime de vexations de la part des filles de la classe, de quelques garçons. C'étaient des remarques blessantes sur ma façon de m'habiller.

Ma mère avait toujours choisi nos vêtements, notre coiffure, cheveux très longs et une frange comme elle, et je n'avais jamais eu en moi l'idée de pouvoir choisir par moi-même. Je ne savais pas que je pouvais. Je ne pense pas que mes sœurs l'aient aussi mal vécu que moi.

Au cours de mon année de quatrième, un événement en apparence anodin vint bouleverser ma vie d'écolière. Passionnée toute petite par les livres, une vraie dévoreuse, insatiable à cette époque (je lisais et relisais absolument tout ce qui me tombait sous les yeux, ingrédients de boîtes d'aliments compris), je me suis inscrite à un concours de lecture, dont le thème de l'année était les romans policiers. J'allais pouvoir m'adonner à mon activité favorite, avec en prime une récompense pour le meilleur. Mon inscription réalisée toute seule, juste avant les vacances de Noël, aussitôt j'ai voulu choisir un roman à emporter, pour ne pas perdre de temps sur les autres concourants. Il n'en restait plus qu'un, que les élèves refusaient d'emprunter parce que vandalisé : quelqu'un avait presque réussi à le couper en deux avec une paire de ciseaux. La couverture m'intriguait, sombre. Le titre, prometteur - Brouillard au Pont de Tolbiac - d'un auteur que je ne connaissais pas : Léo Malet.

J'ai commencé à le lire en salle de permanence.

CHAPITRE PREMIER

CAMARADE BURMA !

Ma bagnole étant à la révision, je pris le métro.

J'aurais pu essayer de fréter un taxi, mais le Père Noël, c'était pour dans un mois et demi. Il crachinait salement et dès qu'il flotte un tant soit peu, les bahuts se raréfient. Ils doivent rétrécir à l'humidité. Je ne vois pas d'autre explication. Et quand il ne pleut plus, ils ne vont jamais dans la direction désirée par le client. Pour ce dernier phénomène, je n'ai pas d'explication, mais les chauffeurs, eux, en fournissent d'excellentes.

Je pris donc le métro.

Je ne savais exactement quoi ni qui m'appelait à l'hôpital de la Salpêtrière. Je me rendais dans ce peu folichon établissement sur convocation, pour ainsi parler.

J'avais reçu au courrier de midi, à mon burlingue de la rue des Petits-Champs, une lettre suffisamment mystérieuse pour éveiller mon intérêt.

J'ai découvert un auteur dont l'écriture et la personnalité m'attiraient comme un aimant. J'ai dévoré l'œuvre en quelques mois, plongée avec délices dans les premières découvertes d'un univers particulier, insistant lourdement auprès de mon père qui, pour me faire plaisir, m'a offert une grande partie de la collection, et m'a emmenée sur les traces de l'écrivain. Par la suite, j'ai tenté maladroitement de convertir mes amies à la lecture de mon auteur favori, et à l'anarchisme que ma jeunesse avait mal digéré.

J'ai fini deuxième à ce concours de lecture, ce qui m'a rendue très fière. Mon prix était un bon pour des vêtements de marque dans une enseigne dont j'ignorais le nom et où je n'avais jamais mis les pieds. Nous n'allions jamais "faire les boutiques" avec ma mère, contrairement à la plupart des autres filles, habillées à la mode du moment, qui nommaient dans leurs discussions des temples de la consommation qui m'étaient inconnus. Nos vêtements étaient achetés souvent sans nous. J'ai entraîné ma mère dans cette boutique.

Le lendemain, j'étais coulée dans un moule conforme aux attentes de ceux qui m'avaient jusqu'à présent mise à l'écart. Désormais, plus de remarques blessantes, je faisais partie du groupe.

La bêtise des enfants, entre eux, est

immense. L'attitude méchante des élèves durant cette période scolaire m'a extrêmement et durablement blessée, j'en ai longtemps fait des cauchemars. Je pense que mon angoisse permanente, la peur du regard des autres et de leur jugement, vient de cela en plus de tout le reste. Je n'avais aucune confiance en moi, et en plus des méchantes choses qui m'arrivaient à l'école, me pesait sur le cœur le secret de mes parents.

La Caravane

Quand j'ai atteint l'âge de six ou sept ans, à chaque période de grandes vacances, la même chose se produisait, inévitablement. Une à deux semaines avec ma mère, puis quelques jours avec l'autre femme, ou inversement.

J'ai vécu le départ de l'une et l'arrivée de l'autre dans la foulée, un train qui s'en va, un autre qui arrive, avec la crainte bien installée dans mon esprit qu'elles ne se croisent toutes les deux. A peine une ambiance se clôt, qu'une nouvelle s'ouvre presque immédiatement, déstabilisante.

Puis nous avons fini par préparer notre départ sans ma mère (il me semblait que mon père s'arrangeait insidieusement pour lui faire prendre ses congés selon ses plans à lui, ce que m'a démenti ma mère : elle concevait les vacances comme "un terrain neutre" selon ses mots, une bouffée d'oxygène dans leur couple, et en a énormément voulu à mon père de cette trahison en particulier). Nous partions, le ventre noué.

La première inconnue disparut au bout de deux ans comme elle était arrivée, le temps d'un arrêt à la gare pour la faire monter puis descendre de la voiture, par une journée grise, sans que mon père ne nous exprime clairement le pourquoi de sa présence, ni son absence définitive. Lui succéda une jeune femme, que nous avons détestée bien volontiers dès qu'elle eut révélé son caractère.

Mentir à notre mère était une chose, supporter une personne antipathique en était une autre. Les vacances n'étaient pas loin de devenir une corvée, d'autant que mon père se montrait dur envers nous, en présence de cette femme. Elle, qui n'avait pas d'enfants, essayait de nous dresser, ou s'est plainte parce que nous "ne l'aimions pas".

J'ai pleuré avant l'un de ces départs, ma mère me serrant contre elle, et moi incapable de révéler la vraie raison pour laquelle je versais toutes ces larmes. Soumises à l'autorité silencieuse de mon père, terrorisées à l'idée d'être à l'origine de l'implosion de la famille, et les représailles qui inévitablement s'ensuivraient, ni mes sœurs ni moi n'avons rien dit.

De mon enfance, je garde, au milieu d'agréables moments passés ensemble, je ne peux pas le nier, une grande amertume, une sensation de vol. Quelques années après avoir entamé ce récit, après avoir affiné les perceptions liées à mon vécu, j'ai eu envie d'ajouter un « i » à ce dernier mot. De « viol » : intrusion et pollution volontaire de mon esprit d'enfant par des problématiques d'adultes.

Mon innocence saccagée.

Je conserve aussi en mémoire certains passages turpides survenus en vacances, bien malgré moi, car j'aimerais mieux pouvoir tout effacer, en particulier le mouvement de la caravane lors de leurs accouplements adultérins…

Est-ce à cause de ces événements qu'aujourd'hui toute relation intime me dégoûte, m'apparaît comme honteuse, interdite, coupable ?

Malgré les difficultés liées à la vie de tous les jours, j'étais contente de revenir à mon quotidien, tissé de mensonges, mais au moins, loin des souvenirs de vacances tordues, malgré de bons moments passés. Je jugeais que j'étais bien moins à plaindre que d'autres. Chez nous, nous n'étions pas battues, au sens où je l'entendais à cette époque. Nous avions à manger et un toit relatif au-dessus de la tête, une bâche ayant longtemps recouvert une partie de la toiture, que la tempête de 1999 avait faite dégringoler. Nous étions en bonne santé, nous avions des parents.

J'ai toujours été piquante dans mes propos envers ma mère et mes sœurs, d'un mauvais caractère, en plus d'être jalouse de la plus petite que je jugeais mieux traitée que moi et appelais *trop gâtée*. J'étais moins véloce que mon aînée dans la course, durant nos empoignades souvent violentes, un conflit d'autorité entre elle et moi, après l'escalade de nos rages réciproques jusqu'aux insultes qui fusaient, où elle me faisait trébucher, dans l'élan que j'avais pour m'enfuir en hurlant, avant que nous nous rouions de coups en nous tirant les cheveux, ce qui nous faisait nous haïr pendant quelques temps, et rendait tout contact ou parole aimable insupportables.

La violence que nous exercions les unes sur les autres était celle de ma mère durant ses crises de colère, lorsqu'elle était à bout de nerfs, dépassée par la charge d'élever trois enfants quasi seule et l'attente d'un époux vagabond. Elle levait la main sur nous par pulsion, parfois déchaînée sur deux de ses filles durant leurs devoirs, et culpabilisait ensuite à en pleurer. Moi, j'avais de la force pour frapper mes sœurs, mordre et rendre les coups, et j'utilisais les mots comme des armes pour meurtrir l'autre, ce qui m'a valu d'être jetée à la porte de la maison quelques minutes un soir, humiliée par une assiette de pâtes sur la tête de la part de mon père pour lui avoir mal répondu, un coup de poing de lui sur la cuisse pour une énième chamaillerie avec mes sœurs en voiture, facilement touchée et rancunière silencieuse.

Quelques traits de sensibilité qui me le rappellent...

Ma mère m'a souvent jeté à la face, lors de nos disputes : "On fait TOUT pour vous. De quoi tu te plains ? D'être trop heureuse ?"

Comment le prendre ? J'étais vexée. Ai-je réellement été "trop heureuse" ? Je crois que non.

Mes parents étaient empêtrés dans leurs propres difficultés humaines, et j'ai la sensation d'avoir manqué d'attention, de soins et d'affection.

Bonne élève, je n'avais pas besoin d'aide pour faire mes devoirs, mes bonnes notes laissaient mes parents pratiquement à l'écart de ma scolarité. Juste signer les bons bulletins, assister quand ils le pouvaient à des réunions, où les professeurs avaient le même mot : bonne élève, mais trop discrète.

Bref, une enfant sans histoires, d'apparence calme - entre quelques brutalités infligées à l'une de mes meilleures amies… - alors qu'en réalité, un poids m'oppressait, m'écrasait, un mensonge me brûlait, prenait toute la place à l'intérieur de moi et finissait par me détruire. J'aurais voulu hurler mon mal-être, me déchirer pour le faire sortir au jour, ma souffrance mise à nu, à l'air libre, libre de s'exprimer sans limites, sans jamais plus de bâillon pour m'étouffer.

Pour la jeune fille que j'étais alors, mes parents autant que les élèves en étaient responsables, les autres adultes étaient coupables de ne rien voir, de ne pas parvenir à me sauver. Et moi je me faisais discrète, petite, de peur qu'on ne vienne m'arracher mon secret malgré moi.

A cette époque, adolescente, mal dans mon corps et dans mon esprit, j'engouffrais la nourriture sans la mâcher, arrosée de vinaigre. J'ai souffert pendant près de deux ans de douleurs d'estomac, brûlures de l'œsophage liées à l'acidité de ma nourriture, et d'émétophobie à l'extérieur de la maison (la peur insupportable de vomir, et par extension : la peur de rejeter en public le secret, sans rien pouvoir y faire), qui rendait toute sortie compliquée, y compris aller à l'école et prendre le bus, crises du corps d'une enfant angoissée qui n'avait que les maux pour dire les mots qui ne sortiraient pas, crises qui se calmaient instantanément quand ma mère finissait par venir me chercher au lycée et mettait fin à mon supplice.

Mes ongles rongés depuis l'âge de trois ans, étaient à cette période arrachés avec les dents jusqu'à la chair à vif, jusqu'au sang qui coulait. La tension psychique s'évacuait dans l'insoutenable douleur physique, je respirais mieux à nouveau.

Des années plus tard, j'ai parlé de mes automutilations à une jeune femme qui se scarifiait, me retrouvant proche dans son ressenti.

A défaut de me sentir considérée, j'existais dans les douleurs de ce corps que je n'habitais pas.

Le barrage lâche

Un soir, après des années de souffrance, de non-dits accumulés, d'évidences criantes, ma mère a craqué. Elle s'est rendue dans la chambre de ma grande sœur.

Elle a simplement dit :

- Papa a quelqu'un.

Ce n'était pas une demande, c'était une affirmation. Elle a, je le crois, toujours su. Ce à quoi ma sœur a répondu :

- Oui, Papa a quelqu'un.

S'en est suivie une longue conversation de laquelle elles sortirent toutes les deux bouleversées.

De la chambre que je partageais avec ma petite sœur, à l'autre bout de là, je serrais mes genoux contre moi, sous mon menton, assise à mon bureau, pour m'empêcher de trembler. Je savais ce qu'elles se disaient. J'étais terrifiée. Mon père tombait de son piédestal. Ils allaient se séparer, c'était sûr. Qu'allait-il nous arriver ?

Ma mère est entrée dans la pièce, a tenté de nous consoler. "Nous allons divorcer, ça ira mieux les filles…". Comment cela aurait-il pu aller mieux alors que mon monde s'écroulait ? Elle m'a demandé des précisions, j'ai répondu, tentant une fois de plus de sauver mon père : "Non, non, sinon ça va encore faire des conflits…".

En dépit de la situation difficile, de ma mère bouleversée, je sentais que l'étau se desserrait pour moi, que le poids du mensonge se faisait moins lourd. J'étais presque libérée.

Ma mère a pris sa voiture pour se rendre chez *l'autre*. Il faisait nuit, il était tard dans la soirée. Nous connaissions l'adresse pour avoir passé chez elle de nombreuses soirées, en cachette de ma mère évidemment, parfois des jours entiers, alors que nous la trompions au téléphone en lui faisant croire que nous étions sur la route des vacances. Ma mère s'est rendue là-bas… J'imagine qu'elle devait pleurer, hors d'elle en cherchant la porte, sonnant et frappant chez les habitants de la rue, jusqu'à la trouver, désespérée !

Nous avons attendu son retour un long moment dans la maison silencieuse. Le contexte nous la rendait étrangère et froide. Ma grande sœur nous a rejoints dans la chambre. Puis ma mère est revenue, elle avait pleuré. Elle les avait trouvés tous les deux, mon père tentant d'apaiser la situation. A son tour, il est rentré. Je ne me souviens que maintenant de tout cela… Nous nous sommes réunis dans la salle à manger.

Ma mère nous avait souvent reproché par le passé d'être trop "mielleuses", selon son mot, avec notre père, d'être incapables de lui dire clairement les choses. Comment aurions-nous pu ?

Parce que nous le craignions, nous étions bâillonnées, réduites au silence et à sa volonté. Ce soir-là, c'était la même.

Il nous demanda ce que nous attendions de lui. Voulions-nous qu'il s'en aille ? D'une petite voix, au bord des larmes, nous avons répondu que non. Conditionnées après tant d'années, nous n'étions pas en mesure de faire entendre un choix, encore moins nous révolter.

Les jours qui ont suivi, mon père, retrouvant sa nature rancunière, ne nous adressa pas un mot, ni à nous ses enfants, ni à son épouse.

Je suppose que pour lui aussi, son monde s'écroulait. Il semblait sidéré, comme s'il ne s'attendait pas à une telle implosion. Je me rappelle l'avoir vu étendu sur son lit, immobile, ma mère à ses côtés, lui parlant à l'oreille. Elle tentait de le ramener près de nous, de reconstruire notre famille, que tant de fêlures avait fragilisée depuis des années. Mon père, d'apparence calme, pris ma sœur aînée comme unique responsable de ce qui arrivait : elle en fit les frais. Il se montra extrêmement dur avec elle pendant quelques temps. "Va te faire mordre par un serpent". Un soir, après le collège, sous prétexte de clefs à lui qu'elle avait perdues, il balança son sac d'école dans la mare à côté de la maison. Horrifiée - je ne pouvais pas imaginer rapporter mes propres livres de classe dans cet état - je me suis dirigée vers l'eau dès que j'ai pu et en ai tiré son cartable. Les livres et les cahiers étaient pour la plupart déjà abîmés. J'ai essayé de sauver ce qui pouvait l'être.

La situation me dégoûtait, je méprisais mon père d'avoir agi ainsi envers ma sœur. J'avais quatorze ou quinze ans.

Un autre départ

Après dix années de tribulations diverses, mes parents lassés décidèrent de quitter cette maison inachevée. Nous partîmes un matin d'hiver, en hâte, alors que les nouveaux propriétaires prenaient possession de notre ancien chez-nous. Dans l'une des poutres du grenier, j'avais caché une lettre d'adieu à ma maison.

Je croyais ne pas me remettre de ce départ précipité d'une maison dans laquelle j'avais vécu, au fond, quelques passages inoubliables, en particulier les moments d'amitié avec nos petits voisins que nous voyons encore aujourd'hui. Je comprends mieux à présent notre attachement envers eux, ils ont été notre bouffée d'oxygène, notre innocence, pendant ses heures sombres.

Je n'avais pas vu le nouvel appartement. Mais j'allais très vite me rendre compte que ma vie serait plus simple. Du confort, ne serait-ce que par le fait que nous avions chaud, et une salle de bains. Pas encore de chambre pour moi seule, mais qu'importe ! La plus belle année de ma vie ? J'espère que d'autres viendront.

L'année de mon bac, je me sentais heureuse et libre. A l'abri, protégée dans cet appartement mansardé. Plus de mensonges, en apparence. Mon père, nous le voyions peu, mais ça ne me pesait pas, bien au contraire.

Peu après la soirée mémorable où le secret avait réellement été mis au jour, ma mère avait posé un ultimatum à mon père : c'était *elle* (l'autre femme), ou nous. Mon père, privé d'affection dans son enfance, malheureuse elle aussi, avec un père lui-même malheureux, autoritaire et violent, ne voulut pas choisir. Il expliqua à ma mère qu'il ne pouvait simplement pas. Ces deux femmes, ma mère et *l'autre*, comptaient beaucoup trop pour lui. Par la suite, nous le vîmes moins à la maison, il avait repris sa double vie. Il nous avait souvent dit qu'il *n'aimait pas les disputes*, et selon son habitude, il préférait enterrer un secret, quitte à faire souffrir ses enfants et son épouse qui réclamaient des comptes, c'est-à-dire la reconnaissance de la douleur infligée.

C'est l'une des raisons qui fait qu'aujourd'hui, je retombe à nouveau, le fait de n'avoir jamais parlé à mon père de tout cela, de m'en sentir à jamais incapable.

Rien n'a été dit entre nous. Parfois je m'imagine que sa mort me délivrera de ce poids, et l'idée me culpabilise.

Dans notre nouveau logement, je me sentais mieux, préservée des souffrances du passé. Un départ tout neuf, comme j'en rêvais ! La présence de ma mère me suffisait, mon père m'apparaissait comme l'élément perturbateur de nos vies.

J'ai passé mon bac avec succès malgré des révisions difficiles dues à mon angoisse de ne pas réussir. Des heures à rattraper le retard, puisque je n'apprenais pas régulièrement mes leçons, en marchant frénétiquement en rond dans la chambre, autour de la table de la salle à manger (sourire intérieur, car c'est une habitude héritée de mon père, du temps de ses propres révisions de concours), mes fiches à la main, répétant encore et encore pour me faire rentrer de force les mots dans la cervelle. Je me suis rendue avec ma mère chez mes grands-parents, après l'affichage des résultats. Elle et eux étaient fiers de moi. Je n'ai pas fêté mon diplôme avec mes amis, ça ne s'est jamais fait chez nous.

Depuis toujours, en dépit d'un manque certain de confiance en moi, je pouvais facilement me transformer en une insupportable Miss-Je-sais-Tout, avec certains enfants que je côtoyais : ma mère me demandait donc d'avoir le succès modeste, vis-à-vis de mes sœurs qui réussissaient moins bien à l'école.

Après cela, sans projet professionnel particulier, j'ai décidé d'étudier une langue slave dans une université d'Auvergne. Nous avons préparé mon départ, j'allais devenir autonome, et vivre seule dans une grande ville.

J'étais partagée entre l'excitation d'avoir à affronter une nouvelle vie seule et l'appréhension. Je n'aurais plus à subir les mensonges de mon père, ce qu'il ferait ne me concernerait désormais plus. C'est quand même lui qui m'a accompagnée le jour de mon inscription à la fac, et grâce à qui j'ai pris ma première chambre d'étudiante.

J'ai passé deux très belles années que je n'oublierai pas, entre les cours (que je manquais parfois quand je n'avais pas envie d'y aller), la vie en ville, quelques sorties avec une amie, ma bonne étoile.

J'ai passé la première année à observer les gens en soirée, avec une certaine curiosité, sans partager leur goût pour l'alcool ou la consommation d'herbe. J'enviais leur aisance *à faire ce qui m'était interdit*. J'avais du mal à me rapprocher et parler avec eux. Je me sentais inférieure, maladroite, insignifiante. Parce que mes parents pourvoyaient à mes besoins pendant mes études, je me sentais l'obligation d'avoir une attitude droite pour garder ma conscience tranquille.

Les périodes de révisions m'étaient toujours stressantes, je ne parvenais pas à travailler assez régulièrement pour n'être pas surchargée au moment des partiels. De plus, j'ai souffert d'une certaine solitude, qui me faisait pleurer des heures, certains soirs, sans raison particulière. Mon père a financé mon logement, la première année, mais j'ai tenu à être la plus indépendante possible la deuxième année.

Mes parents m'ont toujours semblé avoir un lien biaisé avec l'argent. J'ai souvent entendu que nous n'avions pas les moyens. J'avais l'impression qu'il nous était demandé de ne pas trop leur coûter. J'étais peu dépensière. Un matin, ma mère nous a demandé, juste avant de partir pour l'école, de vider nos tirelires pour qu'elle puisse aller faire les courses. La mienne était bien garnie, des petits billets donnés par mes grands-parents pour nos anniversaires et lors de nos visites chez eux, qui nous faisaient un immense plaisir lors de nos sorties sur le marché ou en vacances. J'en ai pleuré de rage et d'injustice. Plus tard, mes grands-parents ont décidé d'ouvrir un compte à chacune des trois filles, sur lesquels ils avaient déposé la somme de dix-mille francs par personne, et qui devait nous servir à passer notre permis quand nous serions en âge. Un jour, voyant ma mère en train de faire les comptes, je lui ai demandé de regarder le montant présent sur nos livrets. Il n'y avait plus rien. Elle s'en était servie pour régler des travaux dans la maison. A moi qui m'insurgeais de cette décision, elle me répondit vertement que si j'avais besoin de quelque chose, elle me le paierait comme elle l'avait toujours fait, que je n'étais pas malheureuse, qu'ils faisaient tout pour nous. Mon père a réparé une petite voiture donnée pour moi, mais j'ai payé mon permis seule. Nous vivions dans des conditions peu confortables, pourtant mon père a pris un jour la décision d'acheter un voilier de huit mètres, avec lequel nous sommes partis un été. Il l'a gardé deux ou trois ans. Ma mère en a très peu profité : ce n'était pas elle la passagère de la traversée sur les canaux.

Parce que je me sentais en dette perpétuelle, j'ai voulu me dégager assez tôt de la dépendance finanière à l'égard de mes parents.

Je me suis rendue compte que cette voie n'était pas faite pour moi, et puis surtout, et c'est sûrement la vraie raison, j'avais peur d'affronter des difficultés nouvelles liées à la troisième année de fac. Après l'obtention du diplôme de deuxième année, je suis finalement retournée dans la maison que mes parents avaient achetée, l'année de mon bac, en Limousin. Ils ne l'ont habitée que quelques années plus tard.

Sans permis, voyageant entre la région parisienne et le Limousin, sans autre travail en vue que de tenir les chambres d'hôtes de mes parents sans salaire, sans perspective d'avenir, j'ai passé quelques temps à réfléchir à ce que j'allais faire de ma vie. Avec la rengaine de ma mère comme justification à mon aide gratuite et sans limite : "Tu es logée, nourrie, de quoi tu te plains ?".

Et là, j'ai connu la vraie solitude, complètement seule dans cette grande maison familiale, isolée au milieu d'une vallée. J'essayais de m'occuper comme je le pouvais, mais je m'ennuyais. J'y ai passé de longs mois, entre quelques bals, mon potager, mes livres, les chats et mes deux chèvres, ponctués d'appels de mes parents ou de ma sœur aînée.

En dépit de cette vie simple qui aurait pu me rendre heureuse, je n'avais goût à rien, puisque je me sentais très seule et que je n'avais pas de but.

Finalement, après des mois d'incertitudes, ballottée entre cette maison glaciale qui ne renaissait que lorsque la famille y était réunie, et le douillet petit appartement de ville en région parisienne, grâce à ma grande sœur, nous avons pu intégrer un "stage de remobilisation" en Limousin, qui nous permettrait de nous mettre sur la voie d'un travail, elle, comme moi. A cette époque, nous n'avions plus du tout contact avec notre petite sœur, partie de la maison depuis quelques temps. Trois mois en compagnie d'autres jeunes aussi paumés que nous, et c'est là que j'ai eu le déclic, mon premier moteur.

On m'a conseillé d'être éleveuse de chèvres. Je portais depuis longtemps cette idée en moi. Ce n'était pas une blague. Et cette idée a fait son chemin, en écho à ce que je ressentais plus petite, alors que j'avais dix ou onze ans, lorsqu'en sixième, en cours de français, je m'imaginais trotter dans les montagnes avec ma carriole à âne.

Là, on me prenait au sérieux. Ce métier collait à mon caractère, à mon envie de vivre ma vie de façon particulière, à mon besoin irrépressible de simplicité pour échapper à un monde que je ne comprenais pas. A la suite de quoi, j'ai pris des cours de comptabilité, car je craignais cette discipline, jusqu'à présent inconnue pour moi. Je me suis inscrite pour l'examen du permis de conduire, que j'ai obtenu avec succès six mois plus tard, alors que mes amis peinaient à le passer en région parisienne.

Parallèlement, j'ai repris des études d'agriculture, dans un centre de formation pour adultes, puisque j'avais quitté le système scolaire.

J'avais vingt ans, plutôt bien dans ma peau, une année magnifique, avec le recul. J'étais plongée dans une discipline qui me plaisait, un monde neuf à mes yeux. J'ai acquis un peu plus de maturité et de confiance en moi. J'étais plus sûre de moi, car je savais en partie où j'allais. Mon *rêve* inavoué de petite fille se concrétisait. Une vie dans la nature, au contact des animaux que j'élèverais.

J'ai rencontré mon compagnon là-bas. Lui se passionnait pour l'horticulture, plus précisément les cactées et succulentes. Il avait quatre ans de plus que moi. Tout de suite, notre relation a été particulière. C'était le premier homme que je connaissais. Je n'ai eu que mon père comme modèle masculin.

Je n'ai pas profité des premiers moments, nous étions très différents. Pour lui aussi, j'étais la première. Nous voici, deux ignorants en amour, ne sachant pas comment nous comporter avec l'autre, comment communiquer sans se faire du mal. Il m'a énormément blessée les premiers temps. J'étais distante, paradoxal pour ces débuts amoureux.

Aujourd'hui nous avons fait du chemin ensemble, et même s'il arrive de bons moments, je ne peux pas dire que je sois comblée. Il ne ressemble pas à l'idée que je me faisais de l'homme qui partagerait ma vie. J'ai toujours beaucoup vécu dans mes rêves, un moyen de m'évader de mon quotidien pesant. Je pensais que mon couple remplacerait les fondations qu'il me manque de mon enfance, pour construire ma vie d'adulte. Je croyais que nous serions deux contre le monde, plus forts, avec des projets à bâtir en pagaille, des idées plein la tête, jeunes et motivés. Je me rends compte que je n'avance plus, ma vie stagne tandis que mon moral est en chute libre.

Il est aussi peu résolu que moi à devenir adulte. Peut-être que nous nous sommes choisis pour cette raison ? Il me semble être en conflit permanent avec lui. En tout cas, aujourd'hui je ressens un ras-le-bol, qui me donne envie de tout quitter, bien que je sache que le problème vienne aussi de moi. J'ai envie de ne plus penser qu'à moi et à moi seule. Après tout, tant de couples se séparent, pourquoi pas nous ?

Sans cesse, je ne peux m'empêcher de comparer ce que nous sommes tous les deux, l'un pour l'autre, avec ce que font les autres couples. Manque de complicité ? Ce n'est pas tant ça, plutôt le manque de projets communs, de perspectives d'avenir ensemble, et avec ça, une libido telle qu'aujourd'hui je me sens complètement asexuée envers lui. Je ne lui ai jamais dit *Je t'aime*, peut-être parce que je ne lui ai jamais vraiment fait confiance, bien qu'il soit sérieux quand lui prononce ces mots et que je le crois sincèrement incapable d'infidélité. Mais je ne peux me sentir femme et aimer un homme qui se conduit comme un enfant, à presque trente ans, quand moi-même me comporte comme une gamine. J'ai encore fait revenir la question de la séparation sur le tapis, ça arrive si régulièrement. Dans ma tête, le conflit et les interrogations sont présents tous les jours, et souvent même, la séparation est une absolue certitude.

Voilà ce dont je rêve : effacer le passé, me reconstruire sur des fondations solides, propres et neuves, au lieu des murs lézardés, branlants, qui figurent ma vie et ne me permettent pas de réussir dans de bonnes conditions ce que j'entreprends.

Parfois, j'aimerais être quelqu'un d'autre. Je déteste ce que je suis, la façon dont je me comporte. J'aspire à l'indépendance, à la liberté de décider pour moi seule, mais entre le désir et ce qui se passe réellement... J'ai peur d'affronter seule l'inconnu.

J'ai voulu grandir vite pour pouvoir échapper aux adultes qui décidaient pour moi de ce que je devais dire, faire ou simplement être.

Ces personnes sensées me protéger et m'élever pour devenir quelqu'un d'autonome m'ont cassée. Je n'ai pas cette base solide, je sens qu'elle me manque.

Je me trouve bloquée à la porte de l'âge adulte, sans les insouciances que j'aurais dû connaître dans l'enfance, sans les expériences que je n'ai pas vécues durant l'adolescence. Je dois composer avec cela, mais je n'y arrive pas. Je n'ai pas fait le deuil de ce que j'aurais aimé vivre étant enfant, le bonheur des autres m'est douloureux, le sentiment d'insécurité à l'intérieur de moi permanent.

Pourquoi pas moi ? Pourquoi tout me paraît tellement compliqué ?

Certains de mes traits de caractère sont dans ma vie des handicaps, tant pour les barrières qu'ils érigent, que pour les portes qu'ils referment.

Une certaine réserve, qui tient surtout de la peur du rejet et de la blessure, et un besoin immense de préserver mon monde intérieur de l'intrusion et de la destruction, qui m'empêche d'aller à la rencontre de personnes intéressantes, et me prive de discussions et de contact, en grande partie liés à un fort manque de confiance en moi, et un sentiment d'illégitimité de ma propre existence.

Je n'arrive pas à exprimer mes attentes avec les personnes que je côtoie, hormis mon compagnon et mes sœurs. A défendre mes intérêts : je me fais parfois l'effet d'être un paillasson sur lequel on essuie la boue de ses pieds, et moi, en ne ripostant pas, en m'abaissant même, je les incite à me salir et à m'humilier davantage. Il m'arrive fréquemment d'accepter de rendre des services qu'il ne me plaît pas de rendre, de me mettre en position défavorable (j'annule ce que j'avais précédemment prévu, quitte à être dans la course pour placer en un temps impossible plusieurs événements). C'est même souvent que je propose spontanément mon aide, je dis *oui*, sans réfléchir, ma voix s'exprime alors que dans ma tête, ma raison me dit aussitôt non. Je me suis souvent laissée devancer, ces derniers temps en particulier, par mon envie de plaire aux gens, en les aidant d'une façon ou d'une autre, en précédant leurs désirs, en oubliant complètement ce que je voulais.

Au final, mon compagnon m'a bien fait remarquer qu'on se servait de moi, et que j'étais complice, instigatrice même, de mon propre malheur. Pourquoi réagir de cette façon ? Je suppose qu'il y a une raison. L'envie d'être aimée et reconnue par les autres : je me suis trop souvent sentie seule.

Je souffre d'une très grande sensibilité. Je pleure à l'idée que mes animaux ou d'autres que je ne connais pas, puissent être malheureux ou souffrir. L'image de cet oiseau mazouté marchant sur la plage puis se retournant vers la mer pour tenter de décoller, et sombrant, recouvert par l'eau tandis qu'il battait des ailes pour se sauver, le pauvre malheureux, m'a hantée pendant des jours, ma gorge se serre et je pleure à nouveau en écrivant cela. Cela m'empoisonne, et me fragilise.

Peut-être est-ce dû à l'angoisse éprouvée à l'évocation de la mort de mes proches, qui m'apparaît comme l'abandon suprême. J'ai la terreur d'être la dernière vivante, celle qui aurait enterré tous les autres.

Une image, une odeur, une lumière particulière réveillent des choses enfouies qui me submergent en vif bonheur ou en larmes. Je tente d'apprivoiser depuis quelques années ces débordements d'émotions. J'ai besoin de comprendre, d'évacuer ces sentiments trop intenses qui me bloquent.

Mon mal-être s'est accentué ces derniers mois : l'envie moins forte de me rendre à mon travail, agréable, malgré sa pénibilité, une implication moindre dans les projets dans lesquels je me suis lancée (association pour une installation agricole, et l'anniversaire de mon neveu).

Impression que tout va de travers, que je stagne, et qu'en plus, je provoque mes échecs, par peur d'aller de l'avant. Par peur d'exister.

Tout cela a conduit au fait que cette année, j'ai pleuré souvent avant de partir travailler, et beaucoup en journée, sans raison, et suis devenue avec mon compagnon d'une irritabilité telle que je ne me supportais plus. Je demeurais telle une âme en peine, sans but, sentiment que j'avais déjà connu par le passé, mais auquel en plus sont venues s'ajouter des idées noires. Envie de mettre fin à tant de souffrances, par hasard ou presque, manquer un virage en voiture, accélérer brusquement, prendre des médicaments pour m'endormir à jamais.

Je faisais énormément de cauchemars (des fantômes, surtout dans la ferme de mes parents, avec une ambiance lugubre, des avions qui s'écrasent, des serpents qui me poursuivent et me mordent), avec un sentiment intense d'oppression, d'étouffement, des picotements douloureux qui paralysent les bras, le cœur qui s'emballe et semble s'arrêter.

Plus goût à rien. Une enveloppe vide, et vide de sens.

J'étais au bout de ce que je pouvais supporter. J'ai essayé de me tourner d'abord vers une médecine que je jugeais douce.

Ce sentiment s'est dissipé quelques semaines après la prise de millepertuis et a complètement disparu pendant une semaine ou deux, une bouffée d'oxygène après tant de jours sombres à ruminer sur ma vie et pleurer sur mon malheur. Puis, mes idées noires sont revenues, m'empoisonnant la vie. J'ai alors pris un rendez-vous chez un psychiatre, pleurant lorsque je raccrochais le combiné, honteuse d'être incapable de m'en sortir seule. J'en voulais aux autres, les accusant d'être à l'origine de mes maux : mon père, ma mère, mon compagnon, les gens qui "m'en demandaient toujours trop". C'était la goutte d'eau. Je ne voulais pas avouer ma vulnérabilité, je ne voulais pas que l'on sache que j'étais fragile. Je perdais mon indépendance, ma faculté à résoudre moi-même mes problèmes.

Ce premier rendez-vous, je m'y suis rendue après deux mois d'attente. Cet homme n'a pas pris la mesure de mon mal-être, il l'a à mes yeux minimisé, intolérable pour moi. Je l'ai vécu comme une trahison, une négation de la souffrance que je ressentais, une négation de moi, une de plus. Je me rends compte que cet homme, certainement bardé de diplômes, aurait pu me laisser mettre fin à mes jours sans avoir rien vu. Je lui en veux énormément, ma confiance en les médecins s'est émoussée, toujours revient l'impression de n'être pas écoutée, de n'être pas entendue. Mes souffrances, dont la plupart sont certainement d'origine psychosomatique, mais qui sont pourtant bien réelles, ne me semblent pas prises au sérieux. Moi qui ne consulte que rarement, j'ai vu en 2010, pour la première fois, un médecin pour des douleurs du dos (des lumbagos à répétition, je marchais à l'époque pliée comme si j'étais très vieille). *Mademoiselle, vous êtes jeune. Ne vous enfermez pas dans la spirale de la maladie.* Une consultation payée pour me renvoyer comme si de rien n'était.

Le parcours en vue d'une association dans la petite chèvrerie étant un échec, j'ai décidé de travailler dans d'autres fermes avant de mener mon propre projet. Au fond, c'était peut-être un signe qu'on m'adressait : arrêter de me cacher sous des solutions provisoires, prendre les vraies décisions, celles de mon coeur, une fois pour toutes.

Nous avons passé notre dernier mois dans notre bel appartement du centre-ville, à faire la grasse matinée, après toutes ces journées où je me levais tôt pour aller travailler : la traite des chèvres commence dans le jour qui se lève à peine, on se sent seul mais privilégié par ce spectacle qu'offre la nature : les collines se réveillant dans la brume, les rayons du soleil qui réchauffent la prairie, les chèvres qui courent comme des folles dans l'herbe après la traite… Dans ces moments-là, je me suis souvent dit que j'avais de la chance de voir ça, ma vie, la vie en général, me semblait belle, pleine de promesses.

Le mois est donc passé. Je savais qu'une ferme caprine cherchait toujours un ouvrier, dans le Lot. La perspective de gagner de l'argent m'a poussée à appeler. C'est une femme qui a répondu. Nous nous sommes rencontrées le lendemain, à la fromagerie, qui m'a parue immense. Je n'ai jamais travaillé dans quelque chose d'aussi grand, ils ont là-bas plusieurs centaines de chèvres. En dépit du fait que j'allais être confrontée à des tâches un peu pénibles et répétitives, j'ai accepté l'offre. J'ai commencé le mardi suivant. C'est mon ancienne patronne qui m'a prêté sa maison, sans quoi j'aurai dormi chez ma grande sœur, avec beaucoup plus de kilomètres pour me rendre sur mon lieu de travail.

Aujourd'hui, j'entame la troisième semaine, et je m'interroge quant à continuer plus : l'argent que je gagne ici me rend seule, ma famille est loin. J'aimerais me fixer quelques temps au même endroit, mais quand je retourne mes centaines de grilles de fromages, je pense au fait que je pourrais démarrer mon petit projet, avec des poules, puis des chèvres.

J'ai beaucoup de mal à me lancer car je ne supporte pas les choix irréversibles, la sensation d'enfermement dans l'engagement. Je souhaite pouvoir annuler la décision que je prends si la situation ne me convient pas. C'est peut-être un manque de maturité, cette difficulté à prendre des responsabilités et en assumer les conséquences, pourtant je sais que je veux être autonome, et que j'ai besoin d'une vie extrêmement simple, au rythme des saisons, en contact avec la nature.

Après un mois complet passé à travailler en fromagerie (premier salaire, et toujours motivée !), je ne ressens plus ces fourmillements dans mes bras quand je dors, parfois si intenses qu'ils me paralysaient les mains et le bras gauche jusqu'à l'épaule. A preuve que ça va mieux. Je chante en tournant mes grilles.

Les premiers jours, dans la nuit, alors que je partais pour me rendre là-bas, je regardais la nature avec des yeux neufs, débarrassée de mon cafard, et je voyais parfois des animaux sauvages, ce qui me donnait de l'espoir. Je remerciais la vie de m'offrir un si beau spectacle.

Je m'applique à être heureuse, à profiter de ces petits instants qui font démarrer la journée avec le sourire.

Si professionnellement je m'en sors, côté cœur, j'ai toujours l'impression que l'amour s'en est allé, et que je ne suis pas capable d'appliquer *avec lui* le choix que je sais être le bon. Ma relation envers les hommes est forcément faussée, par rapport au passé. Je me méfie d'eux, évidemment, et du mal qu'ils pourraient me faire.

Je ne lui ai jamais dit *Je t'aime*, c'est pour moi quelque chose de trop grand, de trop intime pour être dévoilé, et que je ne sais pas encore me dévoiler. Dans l'amour, je ne me livre pas, je ne veux rien donner de moi, je ne sais pas le faire. S'il connaît le plaisir, rarement je lui offre ce qu'il désire. Je ne parviens pas en revanche à lui montrer ce côté de moi, en dépit du fait que lui montre une volonté à me satisfaire. J'ai peur qu'on ne me vole, personne ne peut entrer dans mon monde : l'intrusion est ce que je redoute le plus.

Je ne vois en ce moment que la solution de rester seule et de vivre pour moi, rien que pour moi.

L'appartement que j'ai pris dans le Lot, je ne l'aime pas (pas encore, il n'y a rien de moi pour l'instant), mais je vais essayer d'y être heureuse. Il y vient les week-ends… Je n'arrive pas à quitter cet homme, avec qui pourtant j'ai l'impression d'avoir fini de vivre ce qui devait l'être. Je rêve de connaître une nouvelle histoire d'amour, et j'envie l'une de mes amies qui a rencontré quelqu'un, après l'échec de sa première relation. Je nous vois, nous, hommes et femmes, tellement différents, qu'il m'est difficile d'envisager une vie de couple sereine et épanouie. La vie au quotidien me pèse, m'ennuie. J'ai l'impression de me faner avec lui.

Il m'a dit cet après-midi, parlant de l'une de ses amies, qui me semble avoir tout ce que l'on peut désirer, moins les enfants (car je n'en veux pas, pas encore, ou pas du tout) : "Elle fait ressortir le meilleur de ses hommes". Et moi, je n'y arrive pas. Peut-être n'est-ce qu'avec lui ?

Malgré nos différences, il a été durant ces quatre dernières années la seule personne à s'occuper de moi. Je me suis demandé si une relation avec une femme m'apaiserait plus qu'avec un homme. J'ai du mal à communiquer avec mon compagnon, je voudrais qu'il comprenne sans que j'ai besoin de demander, ce qui bien sûr n'arrive pas. Parfois aussi, j'ai l'impression de hurler mon mal-être, des appels au secours, mais qu'il ne les entend pas.

Réminiscences

A l'occasion d'un bal, ce week-end, j'ai passé du temps avec ma petite sœur. Et nous avons parlé du passé, assez spontanément, le lendemain, dans la maison inhabitée par mes parents. Je crois qu'elle en avait besoin et moi aussi.

Je me suis à nouveau rendu compte à quel point elle était nettement plus lucide que moi sur ce qui nous est arrivé, et cela depuis longtemps.

Comment ai-je pu être autant aveuglée ?

Comment ai-je pu me plier à ce principe de loyauté familial, au point de considérer que ma mort puisse être une solution acceptable pour préserver la loi du silence ?

Ma soeur a eu le courage de partir à dix-huit ans. Mes parents ne pouvaient supporter qu'elle fréquente un garçon au passé un peu compliqué, et qu'en se tournant vers l'extérieur, elle échappe peu à peu à leur *éducation*.

Ensemble, nous nous sommes remémoré des souvenirs que, volontairement ou non, j'avais enfouis et complètement oubliés.

Son premier souvenir d'un papa au comportement trop brutal remontait à sa petite enfance. Elle devait avoir quatre ans, pas plus.

Mon père l'avait allongée sur le plan de travail de la cuisine, versé de la confiture rouge sur le ventre, pris un ouvre-boîte en faisant semblant de le lui ouvrir. J'ai assisté à la scène, ainsi que ma grande sœur. Lui pensait à un amusement, alors que sa petite fille pleurait. Elle et moi avons un an d'écart, elle a été marquée par cet épisode, et comme moi, de façon indélébile.

Mon père a toujours joué de façon rude avec nous, ne nous ménageant pas. Il a multiplié les comportements dangereux avec nous.

Était-ce de l'inconscience ?

Dans nos jeunes années, son jeu de cache-cache ressemblait à une scène tirée d'un film d'épouvante: il fermait tous les volets du pavillon, et nous poursuivait dans le noir, en faisant mine de vouloir nous piquer avec une aiguille. Nous nous cachions sous les draps, à la fois amusées et angoissées, jusqu'à ce que ma mère rentre du travail, ce qui y mettait fin, à mon immense soulagement. Une autre image me revient : petites, parfois nous nous promenions avec nos parents, empruntant en voiture des chemins de forêt. Il nous plaçait sur le capot ou le pare-chocs arrière et roulait doucement, pour nous amuser. Je crois que nous nous amusions réellement, totalement inconscientes du danger. Ma mère était présente, a-t-elle essayé de l'en empêcher ? Plus grandes, dans leur ferme, un soir, après avoir entassé des branchages au fond d'un trou, mon père nous a demandé de nous approcher avec lui, près, très près. Il allait y mettre le feu. Il venait de verser une bonne quantité d'essence. Quand il a craqué l'allumette, il y a eu cette sorte d'explosion qui survient quand l'essence prend feu, et le souffle d'air brûlant. Là aussi, nous aurions pu être gravement blessées. Une autre encore : mon père, toujours dans le but de nous amuser, avait placé au sommet de notre balançoire en bois, sur la barre horizontale, une longue échelle en fer, et, en plaçant une autre échelle verticalement, appuyée contre cette barre pour nous permettre de grimper, nous a demandé de nous asseoir, une fille à chaque extrémité pour nous balancer. Je l'ai fait, mais ma petite sœur a été terrifiée. Je crois que j'ai fait semblant de m'amuser. Ma mère est arrivée, elle nous a pris en photo : sur le cliché, on voit que cette petite fille pleure. Adolescentes, il nous a proposé de monter dans le baquet du triporteur, qui leur sert pour transporter du bois. Il a volontairement pris une pente un peu rapidement, en roulant sur une pierre. La troisième fois, le triporteur, déséquilibré, a versé sur le côté. Nous avons sauté à temps, et moi, j'ai crié : "Papa !" en voyant sa main dépasser, immobile, du véhicule couché sur le côté. Je me suis aussitôt inquiétée pour lui. Il n'avait rien. Nous sommes tombées à quelques centimètres de la carcasse d'une vieille remorque rouillée.

Comment ma mère a-t-elle pu le laisser agir ainsi avec nous ? Se rendait-elle compte qu'elle se trouvait complice, en n'intervenant pas ?

Nous nous sommes rappelées qu'enfants, lorsque nous avons déménagé de la petite maison pour nous installer dans la ferme délabrée, nos parents ont commencé à nous faire travailler dur.

Tant que nous restions toutes les trois seules avec ma mère, nous ne risquions rien. Nous pouvions mener notre vie d'enfants, jouer ensemble, ou avec nos petits voisins qui ne venaient qu'en fin de semaine. Mais dès qu'elle prononçait la phrase fatidique : "Papa rentre du travail", ce qui n'arrivait pas tous les jours, c'est là que nos ennuis pouvaient commencer. Nous ne savions pas quel genre de tâche nous attendait, après l'école, le week-end ou les vacances : vider et ranger les granges, ou le grenier où étaient entreposées la plupart de nos affaires, avant que mon père, dans un accès de colère, ne balance tout lui-même à la poubelle ou au feu ? Ramasser du bois, des cailloux ? Aider mon père à refaire la toiture, ou des travaux ?

Notre aide contre des conditions de vie précaires.

Je peux comprendre que les enfants aident leurs parents dans la vie du foyer, pour les tâches du quotidien (ce que nous faisions déjà, nous nous attribuions les pièces à ranger chaque jour ; chacune à notre tour, nous faisions la vaisselle, juchées sur un tabouret, à l'époque où nous étions trop petites pour atteindre l'évier). Là, nous étions, lorsqu'il était là, cantonnées à des travaux pénibles et dangereux, auxquels nous n'aurions jamais dû participer. Hormis ranger ce que nous avions dérangé. Nous n'étions pas très ordonnées et assez destructrices.

J'ai mis longtemps à me rendre compte que ce que nous faisions n'était pas normal pour des enfants de notre âge. Mon professeur de mathématiques en cinquième m'a dit un jour en cours qu'il m'avait vue sur le toit - pas attachée, et à plusieurs mètres de hauteur - en train de poser des tuiles, après le collège, et il semblait plutôt admiratif. A ce moment-là, j'ai juste été contente de susciter de l'intérêt et d'attirer son attention…

J'ai particulièrement aimé ce temps passé sur le toit avec mon père, à travailler de nos mains. Je me disais simplement à l'époque, mais aussi jusqu'à très récemment, que nous saurions plus tard nous débrouiller, ce que nous répétait nos parents. J'étais fière de les aider, de me rendre utile, de gagner mon pain, jusqu'à m'effacer, me sacrifier à leur profit. Je ne comptais pas. En moi était inscrite l'idée que seul valait qu'ils réussissent, sans quoi la famille perdrait tout.

Pour mes parents, ma mère en particulier, c'était une question de "donnant-donnant", selon son expression. Elle s'appliquait pour tous les domaines, et je me sentais redevable de la vie qu'ils nous avaient donnée : impossible de s'acquitter d'une dette aussi grande.

J'avais oublié jusqu'à présent que parfois (était-ce une punition ?), nous travaillions sous la pluie, ou jusqu'à la nuit tombée, et que d'une petite voix, parce que nous avions pleuré, craintives, nous demandions à notre mère si nous pouvions nous arrêter pour rentrer à la maison. Parfois, la réponse était oui, d'autres fois, elle nous demandait encore une heure de travail, estimant que ce n'était pas suffisamment terminé. Je crois qu'elle avait peur de mon père, tout comme nous, et qu'elle préférait aller dans son sens pour ne pas attiser sa colère. Torture psychologique, c'est le terme qui m'est venu hier à l'esprit, en parlant avec ma sœur.

Cet homme, dont l'enfance a été baignée de violences, a rendu celle de ses filles pénible. Je prends aujourd'hui ses actes pour des humiliations déguisées à notre égard, tout comme il en a reçues de son propre père. Il n'a pas su faire autrement.

Nous subissions une telle pression à cette époque, et qui a duré tellement longtemps, qu'elle a annihilé toute tentative de rébellion, en tout cas pour moi. Après son diplôme, dès qu'elle a atteint la majorité, ma petite sœur s'en est allée avec l'homme qu'elle aimait. Sa vie a été difficile durant cette période, car ils n'avaient que très peu d'argent. Mais elle était libre !

J'admire le courage dont elle a fait preuve, car mon père aurait pu être violent envers elle, comme il l'a été par le passé. Il a influencé les décisions de ma mère, ainsi que son jugement. Facile, pour une mère naturellement inquiète et qui semblait suivre son mari les yeux à demi fermés. Il nous a poussés à croire que ma sœur était sur la mauvaise voie, une dévergondée, une délinquante, ce que j'ai fini par penser, à force de l'entendre. Juste avant ses dix-huit ans, mes parents l'ont obligée à revenir en région parisienne, d'habiter avec ma mère, et mon père lorsqu'il était là, afin qu'elle ne voie plus son compagnon. Elle a littéralement été enfermée pendant quelques semaines dans l'appartement, avec interdiction de sortir. Aveuglée, j'ai appuyé cette injustice. Pendant les absences de mon père, elle a tenté de parler avec ma mère : "Mais qu'est-ce que tu lui trouves à papa ?". Ma mère a répondu : "Je l'aime autant que je le déteste".

Un jour, trouvant la porte non fermée à clef, ma courageuse petite sœur a fini par s'enfuir, a vécu quelques jours dans un local avec son compagnon, qui avait fait toute la route depuis le Limousin dans une voiture à peine en état de marche, et qui commençait à se demander dans quelle famille de fous il était tombé. Mon père a essayé de l'intimider à plusieurs reprises, pour l'obliger à s'éloigner : menaces de porter plainte pour détournement de mineure (il avait sept ou huit ans de plus qu'elle), de lui casser la figure, s'il la revoyait. Mon père était convaincu qu'il avait une très mauvaise influence sur sa fille, qu'elle allait finir "sur le trottoir". A-t-il un seul instant pensé que ce qu'il nous faisait vivre était terrible ?

Ce jeune homme a failli partir sans elle, mais heureusement, (et j'en suis contente, je m'en veux de mon comportement de l'époque), ma sœur a pu le rattraper, et ça a été le début de la liberté pour elle, l'affranchissement après tant d'années de prison psychologique. Elle n'a plus donné de nouvelles pendant presque un an.

Mon compagnon s'est étonné hier, car il était présent pendant cette discussion, que nous n'ayons pas plus mal tourné, après ce que nous avions enduré : pas de drogue, alcool, prostitution ou délinquance. Nous étions considérées à l'époque comme des *petites filles modèles*. Qui aurait pu deviner ce qui se passait au sein de notre famille, au-delà du beau vernis qui s'écaillait en dessous ?

J'éprouve une certaine amertume à l'idée que personne n'ai jamais rien vu, ou ne soit intervenu. Par crainte des conséquences, l'injonction au silence nous invitait naturellement à être crédibles dans nos rôles pour donner le change, et passer inaperçu autant que possible.

Dans le même temps, je n'aurais pas supporté que quelqu'un s'immisce dans "nos affaires de famille". Ma mère nous avait suffisamment répété que nos histoires ne regardaient que nous, et que nous ne devions parler de rien en dehors de la maison. Me revient d'elle, dans l'enfance, la menace d'un placement à la DDASS si ce qui se passait à la maison était découvert, bien que rien de ce qui se déroulait ne soit clairement mis en mots...

Lorsque j'ai évoqué tous ces souvenirs avec ma petite sœur, dans la grande maison que mes parents n'ont quasiment jamais habitée, il y a un moment dans notre discussion où les larmes me sont montées aux yeux, ma gorge s'est serrée. Elle a vu que j'allais me mettre à pleurer. Nous qui sommes pudiques, nous ne nous étreignons jamais malgré notre amour certain, elle m'a doucement

caressé le bras pour me réconforter, en me disant :
"Ma Louise…".

La blessure est encore à vif, je n'ai pas la
solution pour apaiser la douleur.

Que le vent m'emporte et me brise

Nouveau jour. Nouvelles angoisses.

Une fois de plus, au téléphone avec *lui*, j'ai remis la question de la séparation sur le tapis. Encore ! Évidemment, j'en suis arrivée au même point, comme à chaque fois, moi en larmes, avec le nuage du chantage au suicide planant au-dessus de nous, lui décidant de partir pour prendre un appartement seul, moi faisant marche arrière, m'excusant, accablée par mon comportement.

Je ne sais pas ce que je veux, je sais seulement que je suis malheureuse, que le bonheur des autres m'est insupportable, parfois. J'ai appris dans la journée qu'une jeune femme que je ne peux m'empêcher de jalouser, car elle met en scène sa vie et fait l'étalage des merveilles qui lui arrivent, allait se marier avec l'homme avec lequel elle vit depuis plusieurs années, après qu'ils aient acheté leur maison… Un supplice à entendre pour moi, tant j'ai l'impression d'avoir été oubliée pour avoir ma part de bonheur.

Je parlais plus haut de "torture psychologique". Je crois que j'exerce cette même pression sur lui pour le pousser à bout, à la limite de l'explosion. Peut-être que j'attends qu'il craque et s'en aille réellement. Il me fait penser à mon père, physiquement, et il a comme lui le pouvoir de capter l'attention des autres. Son attitude infantile m'a souvent exaspérée. Son absence de projets avec moi. Son incapacité à se prendre en charge seul. Sa volonté d'en faire le minimum pour toujours en obtenir plus. Je déteste la façon dont je me comporte, je voudrais tellement être quelqu'un d'autre, parfois ! Mon histoire d'amour rêvée… On est loin du conte de fées, et c'est en partie ma faute.

Je voudrais tant être une personne saine, digne d'être aimée. Je n'arrive pas à me détacher de mes angoisses, de mon passé. Redevenir neuve… et pure. Je ne me suis jamais vraiment aimée jusque-là, en tout cas trop rarement. Je manque de confiance en moi, et vit avec un sérieux complexe d'infériorité.

Je ne crois être ni très belle, ni laide, mais j'ai toujours eu recours à outrance à la nourriture pour apaiser mes angoisses. Adolescente, je me rappelle avoir mangé la mayonnaise en cachette dans le frigo, à pleine cuillère directement dans le pot, me servir d'énormes assiettes de pâtes au fromage, de me remplir de gâteaux sucrés et pâte à tartiner certains après-midi lorsque j'étais étudiante, de toujours ne m'être sentie bien que pleine de nourriture, l'estomac distendu, à la limite du vomissement. Lorsque j'avais dix ans, une remarque de ma mère à un homme chez qui elle travaillait et dont nous partagions certains repas, m'a blessée, et m'a fait prendre conscience de mon rapport à l'alimentation : "Elle est comme sa mère, elle a un bon coup de fourchette". En me comparant à elle, en utilisant ces mots, comme une vérité tranchante et irrévocable, elle semblait me condamner au même rapport bancal à la nourriture qu'elle avait eu dans l'enfance et l'adolescence, et qui la poursuivait encore à l'âge adulte. Elle souffrait de se percevoir trop grosse. Comme elle, *je mange mes émotions*. Par la suite, j'ai eu l'impression qu'elle surveillait mon assiette et mon corps.

Je n'ai jamais manqué de nourriture. Mais il me fallait un remède à ma solitude, à mon mal de vivre. Je mange encore aujourd'hui pour combler un vide. Le poids que j'ai pris trop vite durant mon adolescence - je pèse 54 kg depuis mes quinze ans, pour 1m55, et j'essaye de ne pas dépasser - me semble une barrière de plus pour tenir les autres à distance. Je ne suis pas grosse, mais je n'aime pas mes rondeurs, les vergetures qui marquent mes cuisses, ma poitrine, mes hanches. J'imagine que je me sentirais mieux avec quelques kilos de moins. Je ne me trouve pas vraiment belle : j'ai quelques cicatrices sur le visage, une peau abîmée, une carrure carrée, que je considère beaucoup trop masculine. Mon corps n'a rien de fin, ni de gracieux. Mes mains, rêches et abîmées, aux ongles rongés, sont celles d'une travailleuse.

J'aimerais être plus coquette, mais je ne sais pas le faire. Passer inaperçu, se rendre invisible : dans mon esprit, c'est se garder en sécurité. Quelques fois, j'apprécie mon image, mais la plupart du temps, non.

Les jours passent, et je me conduis de plus en plus mal avec *lui*. J'ai explosé une nouvelle fois. "Toi et moi, ça n'ira jamais". Je suis à fleur de peau. Une soirée passée à ne pas se parler, une nuit à s'écarter l'un de l'autre pour éviter de se toucher. C'est insupportable. Pour moi, il était clair à ce moment-là que c'était la fin. Vraiment. Il a pensé à prendre la voiture pour s'en aller le lendemain.   Est-ce que j'irais mieux s'il n'était plus là ? Il m'accorde des attentions que je ne remarque plus, je suis à bout, mais je ne veux pas le perdre. Son absence définitive me sera si pénible... Je refuse de le faire souffrir plus longtemps. Je perçois que je suis malade, quelque chose ne va pas chez moi. Il me faut guérir, car j'ai encore une fois pensé à me supprimer, entre deux crises de larmes.

Nous nous sommes rendues, ma petite sœur et moi, chez nos grands-parents, qui habitent désormais à cinq cents km de là. Autant dire que nous nous voyons peu. Trois jours, très agréables à leurs côtés. J'ai l'impression de ne profiter d'eux que maintenant. Enfant, cela m'était impossible, je ne savais pas qu'ils étaient mortels. Ils ont toujours été très attentionnés envers nous, pourvoyant dès qu'ils le pouvaient à nos besoins de vêtements et de nourriture, d'une tendresse parfois bourrue, mais rassurante dans le cadre qu'elle nous donnait. Je leur ai fait un cadeau il y a deux mois, un album réalisé avec les photos de nous, leurs petites filles, et des enfants de ma grande sœur. Je suis tellement heureuse de leur avoir fait plaisir !

J'ai été consulter un magnétiseur, sur les conseils de ma mère. Mon objectif : soigner mon dos, qui me fait atrocement souffrir depuis une semaine, et mettre fin à ma souffrance psychologique. L'homme m'a expliqué qu'il ne pouvait que me "recentrer dans ma bulle", que j'avais des choses à guérir. Je n'ai à aucun moment fait allusion à mon enfance, et il m'a étonné en disant ceci : "Ce qui vous est arrivé dans votre passé ne me regarde pas, mais il faut que vous arriviez à le dépasser".

Je bouillonne, j'étouffe, je me sens mourir. Marcher dans la rue, sous le soleil de fin d'après-midi ? Je ne trouve aucun sens au fait d'être vivante, alors que ce matin, mon métier m'a apporté de la joie, un vrai sourire intérieur… mes chèvres... Je vais consulter un psychologue avant de replonger dans ma détresse. Je crie, je hurle dans le vide, puisqu'*il* ne m'entend pas. Ma petite sœur va peut-être déménager. Je ne veux pas que l'on me laisse seule, moi qui ai l'impression de me démener pour rendre les gens satisfaits.

Un couteau sur la table, et aussitôt, c'est un flash. Me tuer avec. *Le* blesser, avec un brin de cruauté en plus. J'ai peur de moi.

La Vie qui s'en va

La semaine dernière, j'ai reçu un message d'une de nos camarades de BTS que j'apprécie énormément. "Je ne sais pas si tu es au courant mais Lucas est décédé hier soir. Je n'ai pour le moment pas d'informations sur la suite des événements, mais je te tiendrai au courant. A bientôt.".

Lucas, c'était un garçon de notre classe, très intelligent, réservé. Il avait une vision extrêmement lucide du monde, et de ce qu'il s'y passait. Il a quitté la formation avant la fin de sa deuxième année d'apprentissage. Il était mal à l'époque, et c'est allé de pire en pire pour lui à partir de là. Malgré cela, il s'est installé avec ses parents, en élevage de brebis. Jusqu'à ce jour de février où il a décidé d'en finir. Il allait avoir vingt-cinq ans.

Son geste m'a troublée, car j'ai souvent imaginé me délivrer de ma douleur morale, sans avoir le cran de franchir le pas. Le pauvre, comme il a dû souffrir intérieurement pour n'envisager d'autre solution, pour avoir perdu tout espoir. Il n'attendait certainement plus rien. Il devait penser à son geste depuis longtemps. Ses parents ont retrouvé de lui une lettre, dans laquelle il a expliqué ce qu'il souhaitait pour ses funérailles. Ses copains, de vraies fleurs, pas de couronnes artificielles. Il va me manquer. Je regrette de n'avoir pas beaucoup parlé avec lui, peut-être que si j'avais su… Je n'arrête pas d'imaginer qu'on aurait pu le sauver. Cela me renvoie à mon propre mal-être. Je pense : je suis au fond du trou, je crie au secours, qui m'entends ? Est-ce que quelqu'un va me sauver ?

C'était la première fois que j'assistais à des obsèques. J'ai été sonnée à l'annonce de la nouvelle, et le long du trajet que nous avons fait en compagnie de nos camarades de BTS, j'ai peu parlé. Nous sommes arrivés devant l'église, fleuries par des compositions mortuaires, où se tenaient déjà des gens, peut-être des amis, des connaissances. Les cloches ont résonné, longuement. C'était terriblement triste, sous ce beau ciel bleu, ce soleil. Un vent froid nous glaçait. Dans une atmosphère complètement irréelle, le corbillard est arrivé. Mon cœur s'est serré, je pensais que la cérémonie religieuse avait déjà commencé, et que nous allions nous rendre au cimetière. La porte du corbillard a été ouverte, d'où a été sorti un cercueil en bois blanc. J'avais la gorge nouée, et depuis longtemps mes larmes coulaient. Comment accepter l'idée que l'un des nôtres soit couché, mort, dans cette boîte ? Quelqu'un qui avait été vivant, avec qui nous avions parlé, ri ? Des images de Lucas défilaient dans mon esprit, le cercueil a été emporté dans l'église. D'un pas lent, avec une certaine hésitation, nous nous sommes dirigés vers l'église, nous y sommes entrés. Il faisait sombre, de la musique religieuse retentissait. J'ai pris place sur l'un des bancs, complètement étrangère à ce qui allait se passer. Le prêtre s'est mis à parler, puis une femme, doucement : "Lucas est né le …, baptisé dans cette église. Il a été scout… Il aimait la nature, les copains…". J'entends encore sa voix et le ton sur lequel elle a prononcé ces mots. Le prêtre a parlé du fait que Lucas avait rejoint la vie éternelle, auprès du Christ. Ces paroles m'ont un peu agacée. Pour moi, seul comptait le fait que Lucas était mort, et que son geste irréversible nous le rendait perdu pour toujours. Je regrette de ne plus jamais pouvoir lui parler, j'aurais tellement de choses à lui dire. Profiter de sa présence auprès de nous… Le prêtre a allumé des bougies autour du cercueil blanc, sur lequel avait été posée une belle couronne de lys. La fumée de l'encens s'est envolée vers la voûte. Plusieurs chants, des signes de croix, et moi qui versait des larmes et des larmes, intarissables, la tête baissée, enfouie dans mon écharpe rouge (je me suis demandé si c'était une chose admise, cette couleur écarlate, portée à l'intérieur d'une église lors des funérailles d'un jeune homme suicidé), des sanglots me secouant malgré moi, luttant pour essayer de rester la plus discrète pour attraper mes mouchoirs trempés de pleurs. Ces chants si beaux… Le prêtre nous parlant de la culpabilité qu'il ne fallait pas éprouver, de la douleur de la famille à laquelle il fallait penser. "Il ne faut pas vivre les uns à côté des autres, il faut vivre les uns avec les autres." Puis il a permis aux gens qui le voulaient de se recueillir un instant devant le cercueil, de pratiquer le geste voulu, selon ses convictions personnelles. Une longue file de personnes s'est constituée, quelques unes pleuraient : l'un de ses meilleurs amis, une jeune femme, un homme avait les yeux rougis. A mon tour, je me suis levée, un peu choquée par la corbeille de la quête, dont le cliquetis régulier des pièces qui tombaient m'apparaissait comme un mauvais péage me donnant le droit de dire adieu à notre camarade. J'ai laissé tomber deux pièces, et bien qu'ayant essayé de préparer ce que je voulais lui dire intérieurement, je n'ai pas su quoi penser devant ce cercueil blanc. Juste : *Adieu Lucas*, et avec une certaine hésitation, j'ai effleuré du bout des doigts le bois. Brusquement, je prenais conscience de ce qui arrivait. Je suis sortie, le visage dissimulé dans mon écharpe pour masquer mes larmes, et le soleil m'a éblouie, j'ai traversé la rue pour rejoindre les autres. Les cloches se sont remises à sonner longuement, comme une plainte. A la Vierge, près du clocher, je demandais d'accueillir Lucas. Les fleurs ont été chargées dans le corbillard, puis le cercueil. Ses parents se tenaient derrière, la main du prêtre sur l'épaule de la maman... Je la regardais fixement, comme pour essayer de savoir à quoi pouvait ressembler une mère dont le fils unique venait de se donner la mort. J'éprouvais une grande peine pour elle, me demandant ce qu'ils deviendraient tous les deux à la ferme, désormais ; le vide que la perte de leur enfant allait causer. Le corbillard a démarré, en direction du cimetière où notre camarade allait être enterré, devancé par un taxi rempli de compositions florales, dont l'enseigne avait été couverte d'une housse noire. Puis les voitures de la famille. Nous sommes à notre tour partis. Je n'ai pas voulu que l'on rentre directement à la maison, nous avons passé un moment avec nos anciens camarades de BTS, puis chez la mémé de mon compagnon. Il me semblait que c'était maintenant que je devais voir les gens que j'aimais, qui risquaient de mourir à leur tour.

Le lendemain, en rentrant du travail, j'ai reçu un message de la jeune femme qui nous avait prévenus une semaine plus tôt de la mort et de la date des obsèques de Lucas : "Coucou, votre retour s'est bien passé ? J'ai une autre nouvelle à t'annoncer, qui j'espère nous réunira sous de meilleurs auspices, car normalement au mois d'août nous devrions devenir parents. Je n'ai pas trouvé que le moment était approprié hier pour vous l'annoncer. Bonne journée.". J'avais le cœur en fête sur le chemin du retour, comme en paix : un être quittait la Terre, un autre y arrivait. Message auquel j'ai répondu : "C'est une très jolie nouvelle, je suis contente pour vous. J'ai hâte de vous revoir dans de plus heureuses circonstances."

Mon mal-être a un peu pris le dessus : à nouveau, je ne pouvais pas m'empêcher de faire la comparaison avec mon propre couple, vide de grands projets.

Un mois s'est écoulé depuis la mort de notre camarade, et souvent, durant la traite, son image s'impose dans mes pensées, et parfois, lorsque j'accomplis une tâche que lui-même, agriculteur, proche du monde de la terre et de l'élevage, aurait pu accomplir de son vivant, je pense à lui. Cette proximité avec mes animaux, je la lui dédie. Lucas, je ne t'oublierai jamais, ta pensée sera toujours avec moi.

Voilà quelques jours que mon moral est à nouveau en hausse. Mon dos est douloureux, mon corps entier manque de souplesse, mais je vais au travail sans déplaisir. Je me suis remise à chanter en trayant les chèvres. J'en suis heureuse !

J'ai vécu auparavant des jours difficiles, mises-bas et tout ce que cela implique de psychologiquement pénible pour moi (séparation des mères et de leurs chevreaux, bouclage, départ pour l'engraissement, maladies et mort des chèvres). Parfois j'ai l'impression de vouloir aller si vite à la traite que mon cœur ne suit pas. Alors je me force à respirer calmement, à chanter pour chasser les pensées qui peuvent nuire à mon bien-être.

Je fais régulièrement des cauchemars. Cette nuit encore, j'ai mis longtemps à me rendormir tellement j'étais mal. Soit c'est mon père, avec son sourire et son regard dur, qui me poursuit en voulant me frapper, ou me tirer dans le dos avec son fusil *pour mon bien,* parce que j'ai révélé le secret, soit il est question d'incendie, d'explosion d'avion, de maison hantée, de catastrophe naturelle ou de la mort d'un de mes proches. Souvent, ils se déroulent au même endroit : la ferme que mes parents possédaient et qu'ils ont depuis vendue, théâtre d'une bonne partie de notre passé malheureux, enfermés dans notre secret de famille.

J'ai toujours été persuadée que la vente de cette maison me causerait un énorme chagrin. Je lui ai rédigé une lettre d'adieu, que j'ai cachée dans l'une des poutres du grenier. Le jour du départ, bien précipité, rien. J'ai même été plutôt heureuse en y repensant : une nouvelle vie démarrait. Cependant, je pressens que mon inconscient laisse apparaître dans ces cauchemars des éléments de réponse, des indices, que je ne parviens pas à mettre en lumière.

Et voilà, une fois de plus, après quelques jours d'euphorie, la tête pleine de mes projets d'avenir - une ferme, ma maison, mes chèvres auprès de moi, l'accès au bonheur, enfin ! - mon moral s'est effondré. Cette alternance de pics et de creux me fatigue profondément, j'ai l'impression de ne jamais pouvoir en sortir. Notre pseudo couple m'étouffe, les crises se succèdent, sans issue, sans d'autre voie possible que la séparation.

Je deviens méchante, sa présence m'irrite. Serai-je plus heureuse, seule ? Je ne serai qu'à moi, responsable de moi, seule actrice dans la réussite, ou l'échec de ce que j'entreprendrai. Les catastrophes s'accumulent (J'imagine que j'attire, ou que je provoque la malchance. Rien de moins qu'un auto-sabotage), ce qui me fait croire que je ne réussirai jamais rien tant que je serai liée. J'ai envie d'effacer, de prendre un nouveau départ.

Deux événements majeurs se sont produits depuis la dernière fois où j'ai écrit. Mon Papi est décédé. Le père de mon père, atteint de la maladie d'Alzheimer depuis plusieurs années. Je n'ai pas ressenti de grande tristesse en l'apprenant. J'ai davantage été émue de la disparition, la veille, de ma petite poule préférée. Mais je me suis rendue aux obsèques. Je ne réalise pas qu'il est mort. La distance physique, aussi bien que la maladie qui effaçait sa mémoire et nous rendait étrangers à ses yeux, fait que j'ai du mal à concevoir la réalité de la chose. Le chagrin de la perte est venu après. Il était fier de moi, je crois. Je peine à rouvrir les notes que je lui avais demandées il y a quelques années, ses mémoires. Quand on connaît la fin de sa vie, ma démarche a eu quelque chose de prémonitoire… L'émotion m'a submergée quand j'ai lu les premières lignes. Mes sanglots étouffés, j'ai aussitôt rangé les feuillets. Puis le mariage de ma sœur aînée. Événement heureux dont le point final laisse un sentiment de gâchis. Toujours la même chose, le même constat, accablant de tristesse : mon père, cet élément perturbateur de nos vies...

Une semaine fatigante, après une période de travail chargée. Je me couche souvent trop tard, dort mal, d'un sommeil ponctué de cauchemars, de réveils, toujours cette sensation d'oppression. Le matin, lorsque je me lève, je suis très fatiguée. Comment être efficace ensuite au travail ? Je ne me sens plus à la hauteur, mon arrivée à la ferme se fait plus tardive, j'ai de moins en moins envie d'y aller.

Cet après-midi, j'avais du temps, mais comme souvent, envie de rien. J'ai laissé filer les heures, moi qui passe ma vie à penser à tout ce que j'ai à faire, à ce que je souhaite entreprendre.

Mon projet... Mon manque de confiance en moi, mes lacunes, me le rendent inaccessible. Et j'étais là, lassée de tout, emportée par un tas de sensations étranges, bouillonnante, volcanique. Je n'ai rien fait, ma journée passée en vain.

Avec mon compagnon, nous parlons ensemble d'un voyage chamanique, en s'accrochant à cette idée comme à une bouée de sauvetage. Cela ne se fera sans doute jamais. Mais j'ai besoin de quelque chose qui me ramène à la vie, moi qui me sens comme une enveloppe vide, pétrifiée, et condamnée au néant par le manque de sens.

Guérir, ou mourir.

Séance chez la psychologue. La dernière fois, à l'évocation des misères de mon passé, je n'ai pas pu m'empêcher de pleurer. La gorge nouée, j'ai tenté de poursuivre. Dire pour extirper le mal.

Aujourd'hui, en parlant de mon père, les larmes sont revenues. C'est le point douloureux. Je dois expliquer et comprendre la souffrance passée pour mettre fin à la souffrance présente.

J'ai évoqué les souvenirs, j'ai tourné la séance autour d'un axe : l'angoisse ressentie liée à la peur de l'abandon. Je me suis souvenue de cette randonnée en montagne, avec mon père, la première femme connue de nous, et mes sœurs. J'avais sept ou huit ans. Arrivés près d'un petit lac d'altitude, nous avons fait une pause, avec l'intention de nous baigner, mes sœurs et moi. Et puis mon père s'est éloigné, pour explorer les environs. Le voyant partir, je me suis élancée vers lui, il m'a dit de rester où j'étais. J'ai eu peur. J'étais persuadée qu'il tomberait dans le ravin, qu'il nous laisserait seules, dans un endroit inconnu, avec une personne inconnue. Je me suis mise à pleurer, à gros sanglots, au milieu d'appels déchirants. Il ne m'a pas répondu, désormais disparu à mon regard. Mes sœurs commençaient aussi à avoir peur. La femme m'a consolée. Lorsqu'il est enfin revenu, après d'interminables minutes, je me souviens de lui avoir reproché ce départ. On s'est moqué de ma frayeur.

Quelque chose s'est cassé à l'intérieur de moi ce jour-là. Pour longtemps ensuite, pendant des mois, puis des années, je n'ai plus lâché mes proches du regard, avec l'obsession d'être la dernière à fermer la porte de la maison à clef, dans une terreur telle que j'allais jusqu'à tenter d'interdire à mes parents de ressortir chercher du bois dans la grange, pleurant lors de mes réveils en pleine nuit l'absence de ma mère partie en voiture chercher mon père à la gare à vingt kilomètres de là, imaginant l'inévitable accident de voiture, angoissée à l'idée qu'ils disparaîtraient par ma faute, qu'ils m'abandonneraient par leur mort, si je ne veillais pas sur eux…

Avec des répercussions sur ma scolarité : l'année de CM2, celle où nous avons changé d'école et de logement en lien avec le travail de ma mère, avant l'heure de fin de classe, je commençais à m'hyperventiler pour engourdir ma conscience de l'angoisse de son retard, qui dans mon esprit signifiait inévitablement son décès.

Dans les escaliers à la sortie, ma respiration trop rapide était cachée par le bruit des pas des autres écoliers, ceci précédant mes pleurs et les reproches adressés à ma mère si je devais attendre la moindre minute. Une année étrange, instable, dans une situation déjà instable et étrange.

Ma grande sœur m'a parlé hier d'une émission dont le thème nous concernait : des femmes confrontées à l'adultère de leur père et qui avaient dû garder le secret. Certaines ont avoué à leur mère. Je me suis retrouvée dans ces témoignages, j'ai ressenti la souffrance liée au fait de savoir ce que je n'aurais pas dû, ce qui n'était pas de mon âge, le "dire ou ne pas dire", la perte de confiance en soi, la peur du père et des conséquences que la parole pourraient avoir, l'implosion de la famille.

Je me sens orpheline de père. J'en veux à ma mère de fermer les yeux sur ce qu'elle sait forcément, de se cacher la vérité, de ne pas voir ce qui est tellement évident, et d'aller dans son sens à lui, quitte à s'opposer à nous. Elle nous a répété il y a quelques mois qu'elle n'hésiterait pas à "couper les ponts" s'il se passait quelque chose venant de ses filles.

J'ai besoin de parler à mon père, car cela fait un certain temps que je le diabolise, après l'avoir idéalisé lorsque j'étais enfant. Je veux qu'il sache mon ressenti sur ce qui s'est passé à l'époque, ce mal-être, les répercussions du silence sur ma vie aujourd'hui. Je veux qu'il m'écoute. Il doit entendre ce que j'ai à dire, sinon c'est moi qui mettrait un terme à tout contact et je considérerai n'avoir plus de père. J'ai peur qu'il m'intimide au point de retourner la situation : moi, fille coupable de "remettre les choses sur le tapis", dans le but de *détruire leur couple*, alors que *tout va bien*. Si j'avais su plus tôt, j'aurais aimé témoigner dans cette émission malgré mon angoisse et mon appréhension. Dire le secret pour qu'il n'en soit plus un.

Douleur à vif, je crois que seule la parole que j'aurai avec mon père pourrait un peu apaiser ce que je ressens.

Un an bientôt que je suis en thérapie, et j'y vois un peu plus clair. Je fais des connexions, je comprends mieux mes réactions. Mais le fait d'en être consciente et de ne pas être en mesure de changer me fait très mal. J'ai encore du chemin à parcourir. Il faut que je parle à mon père.

Il faut que je parle à mon père.

Je est un autre

Des mois sans écrire ici, des hauts, des bas, les jours qui passent et qui défilent, à la fois heureuse, à la fois vide et seule.

Des choses du passé qui me reviennent… En ces moments où le quotidien me pèse, me fait du mal, les souffrances ressurgissent, celles du corps, celles de l'âme.

Ma mère m'a expliqué, enfant, quelque chose qui m'a blessée, que je n'ai comprise qu'une fois devenue adulte. Dont je n'avais pas, à l'époque, mesuré la portée destructrice. Sa deuxième grossesse : elle me portait dans son ventre, moi, être unique, dont la conception avait été désirée, mais dont le résultat n'était pas celui qu'elle attendait. Je ne suis pas le garçon qu'elle aurait voulu avoir, sans doute avait-elle l'idée du fils qu'elle offrirait comme un cadeau magnifique à mon père. Je n'ai pas été ce garçon. L'annonce d'une fille, cette mauvaise nouvelle, l'a fait pleurer. Elle m'a précisé qu'auparavant, pourtant non-croyante, elle avait voulu donner un "coup de pouce" au destin, en allant déposer un cierge à l'église. Cette révélation me fait comprendre aujourd'hui à quel point cette non satisfaction du désir maternel a généré en moi de culpabilité. Je comprends mes comportements de toujours, ce côté féminin étouffé, quasi absent, étranger, pas naturel. Mes ambitions pour être ce fils qu'elle aurait trop aimé que je sois.

Une attitude appuyée par mon père vers mes dix ans : deux épisodes de poux à l'école étant survenus en quelques mois, par commodité ma mère a commencé par sacrifier notre très longue chevelure pour un carré, avant de nous faire adopter une coupe très courte, à la garçonne.

La petite fille n'existait plus. Le garçon manqué était un enfant raté. Mon père m'appelait "Loïc" pour me taquiner. Les *jeune homme* qu'on me donnait parfois hors du cadre familial me mettaient mal à l'aise. Dans mon cœur, j'étais à la fois heureuse d'exister, au moins en tant que *garçon*, puisque c'est ce qu'il semblait qu'on attende de moi, et anéantie de cet autre costume trop lourd à porter, qui faisait disparaître un peu plus celle que j'étais.

J'avais l'impression que c'était irrécupérable, un état de fait irréversible, que j'étais condamnée pour le reste de ma vie à naviguer entre deux identités pour lesquelles je n'étais ni l'un, et ne ressentais pas la permission d'être l'autre.

Un tourbillon d'émotions contradictoires, entre ma brutalité, ma colère intérieure, ma solitude, le sentiment terrible d'avoir manqué d'amour et d'attention, cette impression d'être mise de côté, de devoir me faire toute petite et tenir une place moindre, ne pas me faire remarquer sinon par le fait que je doive en faire toujours plus que les autres pour exister, et tenter de rattraper en vain l'éternel retard de mon illégitimité. Je ne me suis pas sentie reconnue en tant qu'être unique, distinct de ses projections.

Dans son regard, naître fille a fait de moi un imposteur. Dans son désir, j'ai pris la place d'un autre.

Je me suis ensuite demandé si, dans mon esprit, la naissance de Zacharie, mon personnage de roman qui m'a habité pendant de très longues années à partir de mes douze ans, n'était pas la réponse à l'envie de ma mère. Un double masculin, en quelque sorte le "fils idéal". Il y avait toujours moi, Louise, étouffée entre mon envie de vivre et la fuite dans l'imaginaire de la réalité de ma vie. Elle a fini par presque disparaître pour lui laisser la plus grande place possible, puis c'est lui qui a cédé, ne revenant qu'en de rares occasions.

Avec la création de ce personnage, et celle de son frère quelques mois plus tard, avec l'évocation de leur relation fraternelle, fusionnelle, est apparue en moi la sensation marquée du manque d'un membre de ma fratrie. A cette époque, adolescente, je ressentais la tristesse de ne pas avoir "mon frère" à mes côtés. Crises de larmes enragées, un désespoir inconsolable, puisque rien ne pourrait jamais faire en sorte qu'il soit là, sinon dans mon imagination, sinon dans mes mots. Je demandais *mon frère aîné* à mon père, je l'exigeais. Peut-être a-t-il existé quelques temps : il y a quelques années, adulte, j'ai appris la possibilité que mon père, avant de connaître ma mère, ait été en couple avec une femme, par la suite enceinte de lui, et qui aurait été contrainte à l'avortement sous la pression de sa famille. J'ai gardé le regret de l'absence de cet être dans ma vie.

Cette histoire que j'ai écrite, mon roman inachevé - le récit de la vie de ce personnage masculin qui est à la fois moi, et mon double - a été la soupape de sécurité, l'échappatoire, me permettant de supporter ce qui se passait dans le monde réel. Je m'y réfugiais dès que j'avais un moment libre. Longtemps j'ai cru que seuls ces écrits étaient une raison de vivre, et dans mes moments de solitude et de déprime, l'idée de les brûler m'a traversé l'esprit.

Pourquoi tout ça ? Pour qui ? Pour rien...

Je ne l'ai pas fait. Mais je ne sais pas si je finirai cette histoire. Je n'ai plus besoin de cacher mes souffrances derrière celles de ce personnage. Je peux les exprimer en vrai, les écrire, les dire.

Dire le secret pour qu'il n'en soit plus un.

La Fuite vers un nouveau souffle

A la fin du mois d'octobre 2013, après des semaines de douleurs physiques, et des pensées négatives en pagaille, j'ai eu le sentiment d'avoir achevé un cycle. Il fallait que je change de travail : je ne supportais plus de faire les mêmes choses, aux mêmes heures, indéfiniment.

Je m'étais oubliée. J'avais caché mes désirs et mes projets sous la volonté d'aider ces hommes, rendus prisonniers par leurs choix, comme je l'avais fait par le passé avec d'autres. J'ai parlé à l'un de mes patrons : je voulais partir. Il ne s'attendait pas à cela. Pas du tout.

Quelque chose avait déjà mûri dans ma tête : un projet de voyage qui ressemblait à une évasion. Toujours cette envie de fuir, d'aller voir ce qui se passe ailleurs, toujours l'ailleurs comme l'endroit rêvé où je devrais être, le bonheur sans cesse reporté à plus tard. Un mois et demi avant l'échéance, le futur qui me paraissait si excitant est devenu effrayant.

Ma mère a appelé il y a quelques semaines, avec le projet de passer les fêtes avec nous, et repartir "sur de bonnes bases", selon son expression. Cela ne s'est pas produit depuis l'hiver

2008, période tristement mémorable dans ma vie parce que j'avais - vainement - tenté de quitter mon compagnon, et que cette décision m'avait tant désespérée, que quelques jours plus tard, j'ai repris le cours de notre histoire commune.

Pas reçu de nouvelles, à un mois de Noël. Je n'y crois plus vraiment. Ma petite sœur a aujourd'hui vingt-cinq ans, nos parents ne l'ont pas appelée.

A l'occasion, j'ai retrouvé des photos de nous, petites filles. Et la question, douloureuse :

A quel moment tout est-il parti en vrille dans nos vies ?

Sur l'une d'elles, mon père la tient dans ses bras, elle a quelques jours, et il lui donne le biberon. Il sourit, il a l'air heureux.

Au-delà de tout, je sais qu'il nous aime, à sa manière, avec ce qu'il a lui-même reçu, son histoire de petit garçon, et ses propres blessures d'être humain. Le sentiment d'avoir été mal aimée me submerge malgré tout, et je pleure de nouveau... Peut-être a-t-il le sentiment d'avoir échoué avec nous. Nous n'avons jamais vraiment communiqué. Sur une autre photo, à la montagne, il serre son meilleur ami, ils ont tous les deux l'air de s'amuser.

A quel moment tout est-il parti en vrille dans nos vies ?

Je me considérerai adulte lorsque j'aurai pu affronter les monstres de mon passé. Cesser d'être une petite fille terrorisée dont on décide de l'avenir, prendre moi-même mon destin en main.

Je l'ai fait. J'ai pris la décision de partir, et je suis partie. Le premier choix. Je n'ai plus de travail, je suis libre, quelle joie !

Faire le deuil de ses parents vivants

Nous n'avons pas passé les fêtes avec nos parents. Ma mère m'a appelée pour le jour de mon anniversaire, et là, à nouveau problèmes et conflits qui remontent : elle souhaitait qu'on passe ce jour ensemble, réunis, *en famille*.

Le lendemain, c'est mon père que j'ai eu. Tout de suite, agressif : "On ne s'appelle jamais et tu veux venir comme si de rien n'était ?" Puis : "On vient dans notre maison pour être bien, par pour qu'il y ait une mauvaise ambiance". Les mots qu'il a prononcés ensuite étaient très durs, selon lui j'étais coupable (une fois de plus…) de vouloir mettre leur couple en péril, il m'avait donné l'occasion de lui parler, à plusieurs reprises, je n'avais pas saisi cette chance. Maintenant, il était trop tard, il n'aborderait plus le passé. "Tu tolères chez d'autres ce que tu refuses chez nous" : il m'a reproché d'accepter les vagabondages amoureux, il ne me vient pas à l'instant d'autre terme, de ma belle-mère et d'une amie, et de ne pas supporter cela chez mes propres parents. Alors qu'il n'est pas question de cela... "Il faut que tu te fasses soigner !" Le ton sur lequel il a prononcé cela me laissait suggérer : tu es folle, va te faire soigner, et non pas : tu souffres, ce serait bien qu'un tiers puisse t'aider à remonter la pente. Sa voix était cassante, impitoyable, il a cherché à m'écraser, à m'étouffer de sa domination. J'ai retrouvé à ce moment-là le père de mes cauchemars, celui qui n'hésitait pas à nous punir sadiquement pour avoir désobéi. Désobéir signifiant penser ou faire différemment de ce qu'il croyait juste.

Malgré mes tentatives, je n'ai pas pu parler beaucoup. Lui : "Tu es en colère à cause de ce qui s'est passé le lendemain du mariage" et "Je sais de quoi tu veux parler". Moi : "Oui, de l'autre famille", je crois qu'il a raccroché brusquement en disant "Bonne continuation", ou une phrase approchante, d'un ton trop enjoué qui n'était clairement pas approprié dans ce contexte. Il ne m'a pas laissée parler. En rage, j'ai jeté de toutes mes forces mon portable sur mon lit, je crois que j'ai hurlé, je pleurais de colère. J'ai tout de suite appelé ma grande sœur pour lui dire ce qui venait de se passer. L'après-midi, j'ai ressenti très fort ce sentiment de cassure, la fin d'un temps, le début du deuil de mes parents vivants.

Le lendemain, encore très remontée, pleine de colère, j'ai évoqué cet appel en séance avec la psychologue. Je lui ai dit que la discussion avec mon père n'aurait jamais lieu, que je souhaitais mettre un terme à notre travail thérapeutique ensemble. Elle m'a dit qu'au contraire, ce qui s'était produit était LA discussion. Ce n'était certes pas ce que j'avais imaginé, mais j'avais quand même réussi à placer que je n'étais plus dupe, et qu'ainsi j'avais le pouvoir de ne pas être d'accord et de le dire.

C'est la troisième séance de réflexologie plantaire. J'ai osé, j'ai franchi le pas. Prendre soin de moi : identifier ce qui me fait mal et tenter de le réparer. Il s'est passé aujourd'hui quelque chose d'étrange. Lors de la séance, avec les yeux fermés, un petit mouvement circulaire sur la plante de mon pied droit, j'ai la sensation nette de mon corps arqué qui tourne vers l'arrière, en cercle, lentement. Vertige. Je ne sens plus mon corps, je n'ai plus la sensation d'être allongée sur la table, mon esprit est comme hors de mon corps qui n'existe plus tel quel. Je ne lutte pas, je me laisse emporter. Et puis je ressens que mes membres sont comme plus courts et plus gros, je me sens plus épaisse et comme flottant entre des épaisseurs de tissus humain. Je me suis dit par la suite que ça ressemblait à un embryon dans le ventre de sa mère. Après, une sensation de tournis, allongée, je tourne vers la gauche, indéfiniment. Mes larmes coulent, je souris en même temps car ce que je vis est étrange. Mes yeux s'agitent comme en plein rêve, puis la sensation de flottement s'estompe, je reprends possession de mon corps, la musique s'arrête puis le massage. J'ai expliqué à la réflexologue ce que je venais de vivre, elle a souri d'un air entendu.

Aujourd'hui, on est vendredi. Mercredi soir, j'ai fait une crise de larmes, angoissée, repensant aux épisodes *d'abandon* dans la ferme, durant lesquels mon père partait des après-midi entiers, en nous laissant seules dans cette maison où nous n'avions encore aucun repères ("Je pars téléphoner", sans autre explication), alors que ma mère était au travail, le sentiment éprouvé à son retour à lui, une grande colère, et au retour de ma mère, le soir à la nuit tombée : elles nous délivre d'un poids, nous rassure, et j'ai envie de pleurer, mais lui dire ma souffrance et ses raisons est impossible. Jeudi soir, de nouveau, très forte angoisse, avec un sentiment d'oppression. Et aujourd'hui ma sœur aînée m'a appelé pour me dire que ma petite sœur est passée la voir chez elle, avec nos parents mercredi après-midi, et sont repartis vers 22 heures. Drôle de coïncidence, mon état et ce qui s'est déroulé plus loin…

Ce midi, nous avons appris l'attentat à Charlie Hebdo, j'ai l'impression que tout part en vrille. J'ai envie d'avoir confiance en l'Autre, mais pour le moment, il me fait peur.

J'ai repris les cahiers de mon roman. J'ai craint en les ouvrant de trouver ridicules et puérils mes écrits qui datent d'avant 2006. Mis à part quelques modifications, je n'ai pas à rougir de ce que j'ai rédigé, qui me plaît encore, au moins sept années plus tard. Je tremble de froid en relisant, j'éprouve la même transe d'il y a quelques années. C'est bon…

Un cauchemar encore cette nuit. La veille j'avais rêvé de la ferme de mes parents, impression claire que toutes les réponses sont là, que je ne suis complète que là-bas, un bon rêve.

J'éprouve le besoin d'écrire, alors que mes mains portent encore l'odeur adorée de ma chèvre Alphabey. J'ai l'impression de ne pas faire ce qu'il faut pour elle, de n'en faire jamais assez, et pourtant c'est de mon mieux. En finir avec la culpabilité de tout, envers elle, du fait que je ne parviens pas à la garder en forme, que je ne maîtrise plus sa santé qui se dégrade. La voir marcher avec difficulté me rend triste, et pourtant, elle est combative ma bey ! Elle fait le tour par la route pour éviter les escaliers qui lui font mal aux articulations des genoux et des hanches. Elle a envie de vivre, elle !

Culpabilité face aux choix que j'ai fait : envers Léna, pour cette association qu'elle me redemande, et pour mes anciens patrons, dont les lumières de la ferme me semblent une prière, vers où se porte mon premier regard lorsque je sors. Je n'ai pas à me sentir coupable de ce que j'ai choisi de faire, je ne suis pas coupable d'être partie. Un ailleurs et un avenir sans limites m'attendaient. Il fallait que je parte. Je n'ai pas à souffrir de leurs choix, de leurs décisions passées. Je ne suis pas *leur* solution. Je n'appartiens qu'à moi. Le vent me porte, m'emmène ailleurs, sans cesse. Une fois lassée, la curiosité d'une réalité toute neuve l'emporte. C'est ainsi que je fonctionne, même si ça s'assimile souvent à une fuite.

Affronter le passé. Ce matin je pensais à cette lettre que je pourrais écrire à mes parents, mon honnêteté, mes sentiments. Sans mensonges.

Mes mains sont abîmées depuis quelques temps. Je pensais pouvoir garder mes ongles longs, manucurés et vernis (dans la limite de ce que mes tortures leur laissent comme possibilité d'être beaux), et croyais en avoir fini avec ces mutilations que je m'inflige depuis toujours. Ça a recommencé, j'ai commencé par couper mes ongles avec les dents - en me disant que je n'irai pas plus loin - et je me suis attaquée à la peau, puis j'ai fini par arracher mes ongles de plus en plus courts. J'ai toujours ressenti cette impression, au moment où la chair souffre, dans la tension de mon corps et de mon esprit, au moment du pic d'intensité de la douleur, l'instant passé l'arrachement, un grand souffle, l'impression de mieux respirer. Mes doigts saignent, j'essaye de les préserver par des gants quand je vais au cinéma ou lorsque je conduis longtemps, je les enduis de gel d'aloe ou d'huile végétale. C'est laid, cela traduit mon état d'esprit du moment.

Cela fait suite à une phrase relevée dans un blog de beauté bio que je viens de découvrir ("Être belle sans faire de mal"… voilà qui me parle) :

.

De Louise Hay : se ronger les ongles = Frustration / Se ronger soi-même / Rancune contre un parent. Phrase à se dire : "Il est sans danger pour moi de grandir, désormais je prends ma vie en charge avec aise et joie !"

Ces mots m'ont fait éclater de rire tant la vérité était là. Et l'instant d'après, j'ai fondu en larmes.

Mon anniversaire approche, dans une semaine, j'aurais vingt-huit ans, et cela fera un an que s'est produit l'appel de mon père.

Hier, premier jour du printemps. Un jour de "renouveau". Cette nuit, beaucoup de rêves en pagaille, j'ai encore rêvé de notre ferme, avant-hier, c'était celle de nos petits voisins. A la différence que l'ambiance n'y était pas lugubre et que les fantômes étaient absents. Il n'y avait pas cette couleur noir/orange de la lumière des lampadaires sur la route en pleine nuit. C'était ancien, accueillant, tel que je l'avais connu.

En ce moment, dans la maison où nous vivons avec mon compagnon, c'est une période où je me barricade. Je ne veux pas qu'on me voie, je ne veux pas qu'on sache que je suis là. Mes rideaux sont tirés, la porte est fermée à clefs, j'érige des barrières pour me protéger. J'ai peur de *ceux* qui pourraient frapper à ma porte, j'ai peur d'être surprise, d'être attaquée sans avoir le temps de réagir. Ma dernière séance en thérapie explique en partie ce comportement : mon père en colère, prenant son fusil de chasseur pour aller "tuer les chats en surnombre" dans notre ferme. J'essayais de l'en dissuader, il s'entraînait sur des cibles en carton dans la grange. Quelques chiens, croqueurs de poules ou non-éduqués, sont morts à la maison ou ont disparu : mon père choisissait des façons singulières pour les punir.

J'ai moi aussi eu des comportements maltraitants avec certains animaux dans mon enfance, et pulsionnels, dans la colère ou la défense, à l'âge adulte. Petite fille, je n'avais pas conscience des conséquences de mes agissements sur la vie de ces êtres, je regrette amèrement le mal que je leur ai causé.

J'avais peur de mon père, j'avais peur qu'il ne franchisse la limite. Aujourd'hui, les éclats de voix et les détonations me terrorisent.

Mes ongles recommencent à pousser, je coupe proprement et court pour l'instant, parce que je sais la tentation de le faire avec les dents s'ils sont trop longs.

Je relis les notes des recherches que j'ai faites pour façonner le personnage de Zacharie. C'est un être à part, seul, doué, inatteignable, et qui ne s'intègre pas dans le monde.

Après d'autres recherches pour mon roman, je découvre un nouveau terme : l'incestuel, qui résonne avec ma propre histoire et celle de mes sœurs. Un mélange de sexualité non dissimulée et de pudibonderie, et l'impression de n'être pas considérées comme des individus à part entière, destinés à devenir autonomes, mais de simples extensions de nos parents, soumises silencieuses à leurs volontés.

Chez moi, cela s'est traduit par le sentiment d'un vide d'identité, de dépendance, ma personne étant le simple prolongement de mes parents sans notion de hiérarchie des générations.

Mes tentatives pour mettre des barrières, pour m'effacer, face à l'angoisse de l'intrusion : les vêtements sombres qui invisibilisent et la graisse de mon corps, de peur qu'on n'entre dans mon monde sans y avoir été invité. J'ai malgré moi côtoyé la vie intime de mes parents du fait de la vie en promiscuité, celle des amants en vacances.

Mon père validait qu'une mince cloison d'aggloméré dans la caravane suffise pour séparer nos nuits d'enfants et sa sexualité d'adulte. A l'inverse, ma mère cachait d'une main nos yeux lors de scènes d'amour à la télévision.

Mes sœurs et moi avons subi des plaisanteries maladroites de mon père vis-à-vis des règles de ses filles, de ces corps qui changeaient. Des intrusions douteuses dans notre vie privée de la part de mes parents. Lors de mes premières règles, ils ont été chercher dans la poubelle l'une de mes serviettes hygiéniques pour savoir comment j'avais saigné. Ils se sont permis de lire mon journal intime, et de se moquer de certaines confidences que j'y avais déversées, notamment sur l'amour que je ressentais pour mes sœurs, nous qui avions tant de mal à se dire notre affection.

Je me rappelle notre refus de contact avec mon père lorsqu'il voulait nous serrer dans ses bras. Dans le câlin, nous nous écartions pour mettre de la distance entre nos parties génitales et nos seins, et son sexe. Je ressentais parfois quelque chose de malsain dans son comportement, de douteux dans ses jeux avec nous, notamment dans le fait de se coucher de tout son poids sur nous en tenant fermement nos poignets au-dessus de notre tête, comme une toute-puissance sur le corps et l'esprit de ses filles.

Nos parents ont longtemps refusé de nous laisser avoir des amoureux. Ce qui aurait dû naturellement s'intégrer dans notre développement d'adolescentes était considéré comme du dévergondage et une nuisance pour nos études.

Ma mère a retardé le moment pour ma grande sœur d'accéder à une contraception, avec des conséquences. Implicitement, il nous était interdit de quitter le statut d'enfant pour celui de femme. Par la suite, lorsque nous avons été en couple, nos compagnons ont été discrédités. En matière d'amour, mon père semblait être le seul référent masculin autorisé dans nos vies.

Je voudrais aborder ce thème lors de la prochaine séance chez la psychologue. Je me sens enfin (car c'est un tabou familial) capable de parler de sexualité. Et expliquer comment moi, Louise, ne se sent être personne, "Moi/Je" ne parvient pas à se définir en tant qu'Homme ou Femme intérieurement, ne s'accorde aucune valeur et n'existe pas. L'incestualité empêche l'autre *d'être*, il n'est qu'un objet au service du narcissisme de ses parents.

Ma sœur aînée a passé tout l'après-midi avec moi à fabriquer une petite cabane pour l'un de ses animaux. Ce soir, j'ai abordé avec elle le thème de l'incestuel, elle a admis éprouver les mêmes sentiments que moi, et comme moi, ne pas avoir conscience de faits plus graves. Elle se demandait si c'était une idée qu'elle se faisait.

Je suis contente, j'ai l'impression d'avoir avancé, nous avons toujours eu du mal à communiquer ensemble sur la sexualité. Sans rentrer dans les détails, nous avons parlé de nous, de nos blocages. A voix basse, pour ne pas que ses enfants entendent…

Agnès Soral, dans Le magazine de la santé, 01/04/2015 : "Que devient un enfant dont on nie le traumatisme ?"

Je me suis occupée de moi. Je fais opérer mes cloisons nasales déviées le 1er septembre 2015, après quelques années passées en apnée. On s'occupe de moi, et je le ressens comme un énième nouveau départ. Un peu d'appréhension, où se mêlent peur et hâte !

Cette semaine, j'ai rêvé de fantômes, encore. Un rêve oppressant.

Pardonner à mes parents. Long chemin. Je ne veux plus être victime, mais je ne parviens pas à sortir du statut d'enfant. J'ai besoin que mon père prenne ses responsabilités, que mes parents reconnaissent qu'ils ont été défaillants.

Lors des obsèques de Grand-Père, après deux ans sans contacts avec eux, lorsque je suis rentrée dans la maison après avoir parlé avec ma mère (qui m'a répété que toute cette histoire était leur vie de couple, et ne nous concernait pas, ce que je ne peux évidemment pas admettre ayant manqué d'un père), il a eu ce geste incroyable envers moi, cette petite tape sur la cuisse/fesse avec ces mots : "C'est tout ce que tu mérites". Une approche extrêmement maladroite de sa part qui n'a eu pour effet que de me braquer davantage.

Je n'ai pas le droit de parler. Je n'ai pas le droit de dire. Je devrais me taire, cesser d'être une fille ingrate et tourner la page. Mon corps et mon esprit me crient que tout est encore là, tout continue sous le regard de ma mère qui fait semblant de rien. Je veux hurler que je ne suis plus une petite fille. Intérieurement, je me sens tellement vulnérable ! Je ressens que le mieux pour moi est de ne plus le voir, qu'il n'ait plus de place dans ma vie, mais une discussion d'adultes me manque, et il ne fera rien pour qu'elle arrive.

28 ans.

Envol

J'ai envie de mettre le point final à ce récit.

Parce que, malgré quelques moments de doute, quelques explosions de souffrances face à des détails qui me rappellent *avant*, (le film "Pardonnez-moi" de Maïwenn m'a provoqué une éprouvante crise de larmes il y a quelques semaines), je vais mieux.

Le travail thérapeutique que j'effectue depuis plus de trois ans m'a fait beaucoup de bien, petit à petit, avec quelques régressions, quelques séances où les larmes m'ont submergée. J'ai malgré tout avancé sans que je m'en rende compte.

Je suis une nouvelle version de moi-même, un peu plus libre, un peu plus confiante. Il me reste à appliquer dans la vie réelle ce à quoi je réfléchis pour un futur plus en accord avec mes idées, avec la personne que je suis réellement.

Il est temps pour moi de clore ce récit.

Le 26 et 27 septembre de cette année 2015, j'ai effectué ce voyage intérieur, que je prévoyais depuis plusieurs mois sans parvenir à faire le premier pas. Ce périple en sac à dos, seule, plusieurs jours, cette montagne à gravir.

Je l'ai fait ; ça n'aura duré que deux jours, mais j'ai fait ce que j'avais à faire : partir seule, prendre le train pour un lieu que je ne connaissais pas, marcher, profiter, loin des écrans, être vivante pour moi seule. Mon sac alourdi par ma tente (ma petite maison, comme celle d'un escargot), mes vivres. Faire confiance, accepter de l'aide, gravir la route, puis le chemin de montagne, respirer l'air au parfum de thym sauvage que j'attendais d'avoir dans mes poumons, observer les vaches et leurs veaux en liberté, les chevaux, l'herbe rase couverte de crocus, les parapentistes qui lâchent prise avec la Terre, s'élancent et décollent, légers, si légers... Comme ils doivent respirer mieux là-haut !

Ce sera mon prochain défi.

J'ai posé ma tente quasiment au sommet, avec la vue sur la vallée de Foix, au loin Toulouse, la chaîne de Pyrénées derrière moi. J'ai attendu que la nuit tombe, que la pleine Lune se lève. Je me suis rempli l'âme de ce que je voyais, les lumières qui s'allument, le son des cloches des vaches autour de moi. Je suis redescendue en pleine nuit, marchant sous la clarté de la Lune, au milieu des troupeaux, chassée des sommets par le vent, le froid et l'humidité de la rosée.

Dans la cabane du Prat d'Albis, j'ai fait un petit feu, essayé de dormir un peu, couchée sur la table, parcourue de frissons, le dos douloureux.

Vers 5 heures, dans la nuit sans Lune, je me suis levée pour refaire le feu, et à la lumière des flammes, j'ai écrit LA lettre, ma lettre d'abandon, mais je n'aime pas ce mot, pourtant c'est ce que j'ai ressenti, le seul mot qui me vienne spontanément, un abandon lucide de celle que j'étais jusqu'alors, de mes malheurs intérieurs.

Je me suis adressée à mon Père que je ne peux plus appeler Papa, je lui ai dit ma souffrance, causée par ses choix et sa conduite, ma volonté de ne plus subir de lui, ma liberté retrouvée.

J'ai considéré la petite fille que j'étais, j'ai admis qu'elle avait été blessée, je l'ai rassurée, je lui ai dit que si les adultes n'avaient pas réussi à la protéger, désormais, ce serait moi, celle d'aujourd'hui, qui prendrait soin d'elle, qu'elle pouvait grandir tranquille, calme, sereine, avec confiance.

Puis je me suis adressée à moi, la jeune femme de ce présent, qui tentait jusqu'alors de franchir le seuil de l'âge adulte, bloquée à la porte par les bagages du passé trop encombrants. Je me suis dit : "Peu importe que les choses soient parfaites, pourvu qu'elles soient faites. Lance-toi !".

Je suis sortie pour observer les montagnes, seule, rassurée, confiante, me répétant : il est sans danger pour moi de grandir, désormais je prends ma vie en charge avec aise et joie. Je n'aime pas le mot "charge", comme si la vie était pesante. Je l'ai remplacé : je suis désormais capable de mener ma vie et de faire de mon mieux, avec aise et joie.

Le jour est apparu derrière les cimes.

J'ai attendu qu'il fasse clair, et là, d'un geste rapide, parce que des gens arrivaient dans la montagne en brisant le silence et la solitude de cet instant, j'ai jeté ma lettre pliée dans le feu. Je me suis efforcée de la regarder brûler, mes souffrances écrites partant en fumée dans le conduit, s'élevant jusqu'au ciel, ma libération.

Je suis redescendue en larmes, le coeur serré, car j'avais de la peine à quitter ces lieux, chez-moi, les troupeaux, la sensation grisante d'être au sommet, le défi de reprendre le quotidien, forte de mes nouvelles résolutions.

Je ne sais pas si ce court voyage, tellement important à mes yeux pour la symbolique que je lui accordais, changera quelque chose dans ma vie.

Si, je me dis pourtant que oui.

Parce que j'ai osé, parce que j'ai fait ce dont j'avais envie, parce que je l'ai fait pour me libérer. Le passage à l'âge adulte est parfois quelque chose de si effrayant…

Je sais qu'il y aura d'autres tristesses, d'autres difficultés à surmonter dans ma vie. J'ai été façonnée par ce que j'ai vécu. Mais j'ai le pouvoir aujourd'hui de décider de la manière dont je percevrai les événements, et de trouver mon bonheur dans les petites choses de la vie.

Et lorsque désormais je regarde la pleine Lune, je sais qu'à un moment dans mon existence j'ai choisi mon chemin, très proche des sommets.

Je suis Vivante.

Table des Matières